PENGUIN
COMPANHIA DAS L.

Reflexões ou sentenças e máximas morais

FRANÇOIS VI (1613-1680), futuro duque de LA ROCHEFOUCAULD, foi um importante moralista e pensador francês. Nascido em Paris, aos catorze anos casou-se com Andrée de Vivonne, com quem teve oito filhos. Sua carreira militar, iniciada em 1629, foi bastante próspera — conquistou, após a campanha na Itália, o posto de mestre de campo. Foi exilado em 1631 sob a alegação de ter discordado das estratégias militares francesas. No entanto, a verdadeira causa do exílio foi sua condição de confidente da rainha da Áustria, que conspirava contra o primeiro-ministro francês Richelieu.

Depois da morte de Richelieu, La Rochefoucauld, ainda envolvido em intrigas com a corte, participou ativamente da Fronda, a guerra civil francesa que ocorreu entre 1648 e 1653. Em combate, um tiro de mosquete na cabeça quase o deixou cego. Motivado a cuidar de sua saúde, encerrou a carreira militar e passou a viver em Verteuil, no interior do país, onde escreveu suas *Memórias*.

Anos depois, voltou a viver em Paris e compôs suas primeiras máximas, gênero que ajudou a consolidar. Frequentava reuniões e salões literários, aos quais compareciam burgueses, homens de negócios, políticos, escritores, filósofos, artistas e padres. Em 1659 foi readmitido nos círculos sociais da corte, passando a receber uma pensão do rei. O teor de uma versão não oficial das *Memórias*, publicada em Bruxelas, deixa os amigos de La Rochefoucauld insultados, o que leva o autor a desautorizar a publicação e a negar sua autenticidade. Em janeiro de 1664, La Rochefoucauld obtém subsídio real para publicar suas máximas, reunidas sob o título *Réflexions ou sentences et maximes morales*.

ROSA FREIRE D'AGUIAR nasceu no Rio de Janeiro. Formou-se em jornalismo pela PUC do Rio de Janeiro e nos anos 1970 e

1980 foi correspondente em Paris das revistas *Manchete* e *IstoÉ* e do *Jornal da República*. Em 1986 retornou ao Brasil e desde então trabalha no mercado editorial. Traduziu do francês, espanhol e italiano cerca de cem títulos nas áreas de literatura e ciências humanas, de autores como Céline, Lévi-Strauss, Sabato, Balzac, Montaigne e Stendhal. É autora de *Memória de tradutora* (2004) e editora da coleção Arquivos Celso Furtado (Contraponto/ Centro Celso Furtado), na qual já publicou cinco títulos. Entre os prêmios que recebeu estão o da União Latina de Tradução Técnica e Científica (2001) por *O universo, os deuses, os homens*, de Jean-Pierre Vernant, e o Jabuti (2009) por *A elegância do ouriço*, de Muriel Barbery, ambos da Companhia das Letras. É presidente do Conselho Deliberativo do Centro Internacional Celso Furtado.

La Rochefoucauld

Reflexões ou sentenças e máximas morais

Tradução e notas de
ROSA FREIRE D'AGUIAR

PENGUIN

COMPANHIA DAS LETRAS

Copyright da seleção © 2014 by Penguin-Companhia das Letras

Grafia atualizada segundo o Acordo Ortográfico da Língua
Portuguesa de 1990, que entrou em vigor no Brasil em 2009.

Penguin and the associated logo and trade dress are registered
and/or unregistered trademarks of Penguin Books Limited and/or
Penguin Group (USA) Inc. Used with permission.

Published by Companhia das Letras in association
with Penguin Group (USA) Inc.

TÍTULO ORIGINAL
Réflexions ou sentences et maximes morales

PREPARAÇÃO
Osvaldo Tagliavini Filho

ÍNDICE TEMÁTICO
Luciano Marchiori

REVISÃO
Jane Pessoa
Márcia Moura

Dados Internacionais de Catalogação na Publicação (CIP)
(Câmara Brasileira do Livro, SP, Brasil)

La Rochefoucauld, François de
  Reflexões ou sentenças e máximas morais / La Rochefou-
cauld ; tradução de Rosa Freire D'Aguiar. — 1ª ed. — São
Paulo: Penguin Classics Companhia das Letras, 2014

  Título original: Réflexions ou Sentences et maximes morales.
  ISBN 978-85-63560-87-2

  1. Máximas francesas I. Título.

14-00255   CDD-848

Índice para catálogo sistemático:
1. Máximas: Literatura francesa 848

[2014]
Todos os direitos desta edição reservados à
EDITORA SCHWARCZ S.A.
Rua Bandeira Paulista, 702, cj. 32
04532-002 — São Paulo — SP
Telefone: (11) 3707-3500 Fax: (11) 3707-3501
www.penguincompanhia.com.br
www.companhiadasletras.com.br
www.blogdacompanhia.com.br

Sumário

Do livreiro ao leitor [1678]	9
Reflexões morais	11
Máximas suprimidas	78
Máximas descartadas	91
Retrato de M. R. D. por ele mesmo	101
Índice temático	107

Reflexões ou sentenças e máximas morais

Do livreiro ao leitor [1678]

Esta quinta edição das *Reflexões morais* está aumentada em mais de cem novas máximas, e é mais exata que as quatro primeiras. A aprovação que o público lhes deu está acima do que posso dizer em favor delas. E se são tais como creio, como tenho razão de estar convencido, não seria possível fazer-lhes mais erro do que imaginar que precisassem de apologia. Vou me contentar em adverti-los de duas coisas: uma, que pela palavra *Interesse* nem sempre se entende um interesse do bem, mas no mais das vezes um interesse de honra ou de glória; e outra (que é como o fundamento de todas estas *Reflexões*), que quem as fez só considerou os homens nesse estado deplorável da natureza corrompida pelo pecado; e que, assim, a maneira como fala desse número infinito de defeitos que se encontram em suas virtudes aparentes não se refere àqueles que Deus preserva por uma graça particular.

Quanto à ordem destas *Reflexões*, não será difícil julgar que, como todas são sobre matérias diferentes, era difícil observá-la. E embora haja várias acerca de um mesmo assunto, não pensamos devê-las sempre colocá-las em sequência, por receio de aborrecer o leitor; mas as encontraremos na tábua.*

---

* A tábua refere-se à quinta edição, de 1678, cujo texto seguimos. Cf. La Rochefoucauld, *Maximes et réflexions diverses*, ed. de Jean Lafond. Paris: Folio Classique/ Gallimard, 1976. Diz Lafond sobre a tábua: "Por estar incompleta e conter erros, desde então foi abolida".

Reflexões morais

Nossas virtudes são apenas, no mais das vezes, vícios disfarçados.

1

O que consideramos virtudes costuma ser só um conjunto de ações e interesses diversos que o destino ou nosso engenho sabe arrumar; e nem sempre é por coragem e por castidade que os homens são corajosos e as mulheres são castas.

2

O amor-próprio é o maior de todos os aduladores.

3

Por mais descobertas que se haja feito no país do amor-próprio, ainda restam nele muitas terras incógnitas.

4

O amor-próprio é mais hábil que o homem mais hábil do mundo.

5

A duração de nossas paixões depende tanto de nós como a duração de nossa vida.

6

A paixão faz muitas vezes do homem mais hábil um louco, e hábeis os mais tolos.

7

Essas grandes e deslumbrantes ações que ofuscam os olhos são julgadas pelos políticos como efeitos de grandes propósitos, sendo em geral do temperamento e das paixões. Assim, a guerra de Augusto e de Antônio, que se atribui à ambição que tinham de se tornar senhores do mundo, talvez fosse apenas consequência do ciúme.

8

As paixões são os únicos oradores que sempre convencem. São uma arte da natureza de regras infalíveis; e o homem mais simples que tem paixão convence melhor do que o mais eloquente que não a tem.

9

As paixões têm uma injustiça e um interesse próprio que tornam perigoso segui-las, e devemos desconfiar delas mesmo quando parecem as mais racionais.

10

Há no coração humano uma geração perpétua de paixões, de modo que a ruína de uma é quase sempre o nascimento de outra.

11

As paixões costumam gerar outras que lhes são contrárias. A avareza produz às vezes a prodigalidade, e a prodigalidade a avareza; em geral somos firmes por fraqueza e audaciosos por timidez.

12

Por mais cuidado que tomemos em acobertar as paixões com as aparências de devoção e honra, elas sempre aparecem através desses véus.

13
Com mais impaciência nosso amor-próprio sofre a condenação de nossos gostos que de nossas opiniões.

14
Os homens não só estão sujeitos a perder a lembrança dos benefícios e das injúrias, como até odeiam os que os obsequiaram e deixam de odiar os que os ultrajaram. O zelo em recompensar o bem, e vingar-se do mal, parece-lhes uma servidão a que lhes custa se submeter.

15
Em geral, a clemência dos príncipes não é senão uma política para conquistar a afeição dos povos.

16
Essa clemência que apresentamos como virtude se pratica ora por vaidade, às vezes por preguiça, muitas vezes por medo, e quase sempre pelas três razões juntas.

17
A moderação das pessoas felizes vem da calma que a boa fortuna confere a seus humores.

18
A moderação é o temor de cair na inveja e no desprezo que merecem os que se inebriam com sua felicidade; é uma vã ostentação da força de nosso espírito; enfim, a moderação dos homens em sua maior elevação é um desejo de parecerem maiores que seu destino.

19
Todos nós temos força suficiente para suportar os males do outro.

20

A constância dos sábios não é senão a arte de reprimir sua agitação no coração.

21

Os que condenamos ao suplício fingem às vezes uma constância e um desprezo pela morte que na verdade é apenas o medo de encará-la. De modo que se pode dizer que essa constância e esse desprezo são para seu espírito o que a venda é para seus olhos.

22

A filosofia facilmente vence os males passados e futuros. Mas os males presentes a vencem.

23

Poucos conhecem a morte. Em geral não a sofremos por resolução, mas por estupidez e por costume; e a maioria dos homens morre porque não pode deixar de morrer.

24

Quando os grandes homens se deixam abater pela extensão de seus infortúnios, fazem ver que só os suportavam pela força de sua ambição, e não pela de sua alma, e que, exceto por uma grande vaidade, os heróis são como os outros homens.

25

Precisamos de maiores virtudes para suportar a boa fortuna que a má.

26

Não podemos olhar fixamente nem o sol nem a morte.

27

Costumamos nos envaidecer das paixões, mesmo das mais criminosas; mas a inveja é uma paixão tímida e vergonhosa que jamais ousamos confessar.

28

O ciúme é de certa maneira justo e razoável pois só tende a conservar um bem que nos pertence ou pensamos nos pertencer; ao passo que a inveja é um furor que não consegue suportar o bem dos outros.

29

O mal que praticamos não nos atrai tanta perseguição e ódio como nossas boas qualidades.

30

Temos mais força que vontade; e muitas vezes é para nos desculparmos conosco que imaginamos serem as coisas impossíveis.

31

Se não tivéssemos defeitos, não teríamos tanto prazer em notá-los nos outros.

32

O ciúme alimenta-se de dúvidas, e torna-se fúria ou termina assim que se passa da dúvida à certeza.

33

O orgulho sempre se recompensa e nada perde, mesmo quando renuncia à vaidade.

34

Se não tivéssemos orgulho, não nos queixaríamos do orgulho dos outros.

35

O orgulho é igual em todos os homens, e só se diferencia no modo e nos meios de se manifestar.

36

Parece que a natureza, que tão sabiamente dispôs os órgãos de nosso corpo para fazer-nos felizes, também nos deu o orgulho para poupar-nos da dor de conhecer nossas imperfeições.

37

Mais participa o orgulho que a bondade nas advertências que fazemos aos que cometem erros; e os repreendemos não tanto para corrigi-los como para convencê-los de que deles estamos isentos.

38

Prometemos segundo nossas esperanças e cumprimos segundo nossos temores.

39

O interesse fala todas as línguas e representa todos os papéis, até o do desinteressado.

40

O interesse que cega a uns dá luz a outros.

41

Os que se aplicam demais nas pequenas coisas em geral tornam-se incapazes das grandes.

42

Não temos força suficiente para seguir toda a nossa razão.

43

Com frequência o homem pensa conduzir, quando é conduzido; e enquanto seu espírito o dirige a um objetivo, seu coração o arrasta insensivelmente a outro.

44

A força e a fraqueza do espírito estão mal denominadas; na verdade não são outra coisa além da boa ou má disposição dos órgãos do corpo.

45

O capricho de nosso humor ainda é mais estranho que o da fortuna.

46

O apego ou a indiferença dos filósofos pela vida era apenas um gosto de seu amor-próprio, e sobre ele não devemos discutir tanto quanto sobre a preferência do paladar ou a escolha das cores.

47

Nosso temperamento paga um preço a tudo o que nos vem do destino.

48

A felicidade está no gosto e não nas coisas; é por ter o que amamos que somos felizes, e não por ter o que os outros acham amável.

49

Nunca somos tão felizes nem tão infelizes quanto imaginamos.

50

Os que creem ter mérito se vangloriam de ser infelizes para convencer a si e aos outros de que são dignos de ser alvo do destino.

51

Nada deve diminuir mais a satisfação que temos de nós mesmos do que ver que desaprovamos num tempo o que aprovávamos em outro.

52

Por mais diferentes que pareçam os destinos, há porém certa compensação entre bens e males que os iguala.

53

Quaisquer que sejam as grandes vantagens dadas pela natureza, não é só ela, mas também o destino que faz os heróis.

54

O desprezo pelas riquezas era para os filósofos um desejo oculto de vingar seu mérito diante da injustiça do destino pelo desprezo dos próprios bens de que os privava; era um segredo para se garantirem contra o aviltamento da pobreza; era um caminho tortuoso para chegarem à consideração que não podiam obter pelas riquezas.

55

O ódio pelos favorecidos não é mais que o amor pelo favorecimento. O rancor de não possuí-lo se consola e suaviza pelo desprezo demonstrado aos que o possuem; e lhes recusamos nossas homenagens, não podendo retirar-lhes aquilo que lhes atrai as de todo o mundo.

56

Para nos estabelecermos no mundo, fazemos todo o possível para parecer estabelecidos.

57

Embora os homens se vangloriem de suas grandes ações, elas não costumam resultar de um grande desígnio, mas do acaso.

58

Parece que nossas ações têm estrelas felizes ou infelizes às quais devem grande parte do elogio ou da crítica que lhes fazemos.

59

Não há acidentes tão infaustos de que os hábeis não tirem algum proveito, nem tão faustos que os imprudentes não possam reverter em seu prejuízo.

60

A fortuna tudo reverte em benefício de quem favorece.

61

A felicidade e a infelicidade dos homens dependem tanto de seu temperamento como do destino.

62

A sinceridade é uma abertura do coração. Encontramo-la em muito poucos; e a que vemos habitualmente não passa de uma fina dissimulação para atrair a confiança dos outros.

63

A aversão à mentira é muitas vezes uma imperceptível ambição de tornar nossos testemunhos dignos de consideração e atrair para nossas palavras um respeito religioso.

64

Não faz tanto bem ao mundo a verdade como fazem mal suas aparências.

65

Embora a prudência não consiga nos assegurar o menor acontecimento, não há elogios que não se faça a ela.

66

Um homem hábil deve regular o nível de seus interesses e atender cada um em sua ordem. Nossa avidez costuma perturbá-la, fazendo-nos correr em direção a tantas coisas a um só tempo que, por desejar demais as menos importantes, perdemos as mais consideráveis.

67

A boa vontade é para o corpo o que o bom senso é para o espírito.

68

É difícil definir o amor. O que se pode dizer é que na alma é paixão de reinar, nos espíritos é simpatia, e no corpo é apenas o desejo oculto e delicado de possuir o que se ama depois de muitos mistérios.

69

Se há um amor puro e isento da mistura de nossas outras paixões, é o que está oculto no fundo do coração, e que nós mesmos ignoramos.

70

Não há disfarce que possa ocultar por muito tempo o amor onde ele existe, nem fingi-lo onde não existe.

71

Não há os que não se envergonhem de terem se amado quando já não se amam.

72

Se julgamos o amor pela maioria de seus efeitos, ele mais se parece com o ódio que com a amizade.

73

É possível encontrar mulheres que nunca tiveram aventuras; mas é raro encontrar as que só tiveram uma.

74

Só há uma espécie de amor, mas dela há mil cópias diferentes.

75

O amor, assim como o fogo, não pode subsistir sem um movimento contínuo; e deixa de viver logo que deixa de esperar ou temer.

76

Ocorre com o verdadeiro amor o mesmo que com o aparecimento dos espíritos: todos falam deles, mas poucos os viram.

77

O amor empresta seu nome a uma infinidade de comércios que lhe atribuímos, e dos quais ele participa tanto quanto o doge do que se faz em Veneza.*

78

Na maioria dos homens, o amor à justiça é apenas o receio de sofrer a injustiça.

79

O silêncio é o partido mais seguro de quem desconfia de si mesmo.

---

* Alusão ao pequeno poder deixado ao doge de Veneza pela aristocracia que dirigia a cidade. Essa impotência do doge se tornara proverbial.

80

O que nos torna tão inconstantes em nossas amizades é que é difícil conhecer as qualidades da alma, e fácil conhecer as do espírito.

81

Nada podemos amar senão com relação a nós, e apenas seguimos nosso gosto e nosso prazer quando preferimos nossos amigos a nós mesmos; no entanto, só quando há essa preferência é que a amizade pode ser verdadeira e perfeita.

82

A reconciliação com nossos inimigos é apenas um desejo de melhorar nossa situação, um cansaço da guerra e o temor de algum revés.

83

O que os homens chamaram amizade é apenas uma sociedade, um acordo recíproco de interesses e uma troca de bons ofícios; enfim, é apenas um comércio em que o amor-próprio sempre se propõe a ganhar algo.

84

Mais vergonhoso é desconfiar dos amigos que ser enganado por eles.

85

Costumamos nos convencer de que gostamos dos mais poderosos que nós; e no entanto é só o interesse que produz nossa amizade. Não nos damos a eles pelo bem que lhes queremos fazer, mas pelo que deles queremos receber.

86

Nossa desconfiança justifica a impostura do outro.

87

Os homens não viveriam tanto tempo em sociedade se uns não fossem ludibriados pelos outros.

88

O amor-próprio aumenta ou diminui as boas qualidades de nossos amigos na medida de nossa satisfação com eles; e julgamos seus méritos pelo modo como se portam conosco.

89

Todos se queixam de sua memória e ninguém se queixa de seu julgamento.

90

No trato da vida, agradamos mais comumente por nossos defeitos que por nossas boas qualidades.

91

A maior ambição não tem a menor aparência quando se acha na absoluta impossibilidade de chegar ao que aspira.

92

Desiludir um homem preocupado com seu mérito é prestar-lhe tão mau serviço como o prestado àquele louco de Atenas que pensava que todos os barcos que chegavam ao porto eram seus.

93

Os velhos gostam de dar bons conselhos para se consolar de já não terem condições de dar maus exemplos.

94

Os grandes nomes rebaixam em vez de elevar os que não sabem defendê-los.

95

O sinal de um mérito extraordinário é ver os que mais o invejam obrigados a louvá-lo.

96

O ingrato é menos culpado de sua ingratidão do que quem lhe fez o bem.

97

Enganamo-nos quando pensamos que o espírito e o julgamento eram duas coisas diferentes. O julgamento não passa da grandeza da luz do espírito, que penetra no fundo das coisas, onde observa tudo o que deve observar e percebe as que parecem imperceptíveis. Assim, convém concordarmos que a extensão da luz do espírito é que produz todos os efeitos atribuídos ao julgamento.

98

Todos falam bem de seu coração, e ninguém ousa falar bem de sua razão.

99

O bom gosto do espírito consiste em pensar coisas honestas e delicadas.

100

A galanteria do espírito é dizer coisas lisonjeiras de um modo agradável.

101

É frequente que as coisas se apresentem mais acabadas ao nosso espírito do que ele poderia fazê-las com mais arte.

102

O espírito é sempre ludibriado pelo coração.

103
Nem todos os que conhecem seu espírito conhecem seu coração.

104
Os homens e os negócios têm seu ponto de vista. Uns precisamos ver de perto para bem julgar, e outros nunca julgamos tão bem senão quando estamos longe.

105
Não é racional quem encontra a razão por acaso, mas quem a conhece, a discerne e a saboreia.

106
Para saber bem as coisas, é preciso saber seus detalhes; e como são quase infinitos, nossos conhecimentos são sempre superficiais e imperfeitos.

107
É uma espécie de afetação observar que nunca a demonstramos.

108
Não pode o espírito representar por muito tempo o papel do coração.

109
A juventude muda seus gostos pelo ardor do sangue, e a velhice conserva os seus por costume.

110
Não damos nada com tanta liberalidade como nossos conselhos.

111

Quanto mais amamos uma mulher, mais perto estamos de odiá-la.

112

Os defeitos do espírito, assim como os do rosto, aumentam com a velhice.

113

Há bons casamentos, mas não deliciosos.

114

Não podemos nos consolar de sermos enganados por nossos inimigos e traídos por nossos amigos; e muitas vezes ficamos satisfeitos quando o somos por nós mesmos.

115

Tão fácil é enganar a si mesmo sem perceber como é difícil enganar os outros sem que percebam.

116

Nada é menos sincero que o modo de pedir e dar conselhos. Quem os pede parece ter uma deferência respeitosa pelos sentimentos do amigo, embora só pense em fazê-lo aprovar os seus e torná-lo avalista de seu comportamento. E quem aconselha paga a confiança que lhe é manifestada com um zelo ardente e desinteressado, embora no mais das vezes só busque nos conselhos que dá seu próprio interesse ou sua glória.

117

A mais sutil de todas as astúcias é saber fingir cair nas ciladas que nos armam, e nunca somos tão facilmente enganados como quando pensamos em enganar os outros.

118

A intenção de jamais enganar expõe-nos a ser frequentemente enganados.

119

Estamos tão acostumados a nos disfarçar para os outros que afinal nos disfarçamos para nós mesmos.

120

Traímos mais frequentemente por fraqueza que por um desígnio deliberado de trair.

121

Costumamos fazer o bem para poder impunemente fazer o mal.

122

Se resistimos a nossas paixões, é mais por sua fraqueza que por nossa força.

123

Não sentiríamos prazer se nunca nos lisonjeássemos.

124

Os mais hábeis fingem toda a sua vida criticar as perspicácias para delas se valerem em alguma grande ocasião e por algum grande interesse.

125

O uso corrente do artifício é característica de uma alma pequena, e quase sempre acontece que quem o utiliza para se cobrir de um lado se descobre de outro.

126

As astúcias e traições só resultam da falta de habilidade.

127
O verdadeiro meio de ser enganado é se crer mais esperto que os outros.

128
A sutileza exagerada é uma falsa delicadeza, e a verdadeira delicadeza é uma sólida sutileza.

129
Às vezes basta ser grosseiro para não ser enganado por um homem hábil.

130
A fraqueza é o único defeito que não se consegue corrigir.

131
O menor defeito das mulheres entregues a fazer amor é fazer amor.*

132
É mais fácil ser sábio para os outros que para si mesmo.

133
As únicas boas cópias são as que nos revelam o ridículo dos maus originais.

134
Nunca somos tão ridículos pelas qualidades que temos como pelas que fingimos ter.

135
Às vezes somos tão diferentes de nós mesmos quanto dos outros.

---

* Fazer amor, no século xvii, também significava "entregar-se a aventuras ilícitas".

136

Há pessoas que jamais teriam amado se jamais tivessem ouvido falar do amor.

137

Falamos pouco quando a vaidade não nos faz falar.

138

Preferimos falar mal de nós mesmos a ficar calados.

139

Uma das coisas que faz encontrarmos tão poucos que pareçam sensatos e agradáveis na conversação é que não há quase ninguém que não pense mais no que quer dizer do que em responder precisamente ao que lhe dissemos. Os mais hábeis e condescendentes contentam-se em só mostrar um semblante atento, ao mesmo tempo que vemos em seus olhos e em seu espírito uma distração diante do que lhes dizem e uma precipitação em voltar ao que querem dizer, em vez de considerarem que tentar tão fortemente agradar a si mesmos é um mau meio de agradar aos outros ou convencê-los, e que escutar bem e responder bem são uma das maiores perfeições que se podem ter na conversação.

140

Muitas vezes um homem de espírito ficaria bem embaraçado sem a companhia dos tolos.

141

Volta e meia nos gabamos de não nos entediarmos; e somos tão magníficos que não queremos encontrar companhia desagradável.

142

Assim como é do caráter dos grandes espíritos dizer muito em poucas palavras, inversamente os pequenos espíritos têm o dom de falar muito sem dizer nada.

143

Exageramos as boas qualidades dos outros mais por estimar nossos próprios sentimentos que seus méritos; e queremos granjear elogios quando parece que lhes fazemos.

144

Não gostamos de louvar ninguém e jamais o fazemos sem interesse. O louvor é uma fina lisonja, oculta e delicada, que satisfaz diferentemente quem o presta e quem o recebe. Um o toma como recompensa a seu mérito; o outro o presta para manifestar sua equidade e seu discernimento.

145

Costumamos escolher elogios envenenados que ressaltam indiretamente em quem elogiamos defeitos que não ousamos descobrir de outro modo.

146

Em geral só elogiamos para ser elogiados.

147

Poucos são sábios o bastante para preferir a crítica útil ao elogio que os trai.

148

Há repreensões que elogiam e elogios que amaldiçoam.

149

Recusar os elogios é desejar ser elogiado duas vezes.

150

O desejo de merecer os elogios que nos fazem fortalece nossa virtude; e os que fazemos ao espírito, à coragem e à beleza contribuem para aumentá-los.

151

Mais difícil é impedir que nos governem do que governar os outros.

152

A adulação dos outros não poderia nos prejudicar se não adulássemos a nós mesmos.

153

A natureza cria o mérito, e a fortuna o faz valer.

154

A fortuna nos corrige muitos defeitos que a razão não poderia corrigir.

155

Há pessoas repugnantes apesar de seu mérito, e outras que agradam apesar de seus defeitos.

156

Há pessoas cujo mérito consiste apenas em dizer e fazer tolices utilmente, e que tudo estragariam se mudassem de conduta.

157

A glória dos grandes homens deve sempre se medir pelos meios de que se serviram para obtê-la.

158

A adulação é uma moeda falsa que só tem curso por nossa vaidade.

159

Não basta ter grandes qualidades, é preciso administrá-las.

160

Por mais deslumbrante que seja uma ação, não se deve chamá-la de grande quando não resulta de um grande desígnio.

161

Deve haver certa proporção entre as ações e os propósitos se delas queremos tirar todos os efeitos que podem produzir.

162

A arte de saber empregar bem as qualidades medíocres oculta a estima e em geral dá mais reputação que o verdadeiro mérito.

163

Há uma infinidade de comportamentos que parecem ridículos e cujas razões ocultas são muito sábias e sólidas.

164

Mais fácil é parecer digno dos cargos que não temos que daqueles que exercemos.

165

Nosso mérito nos atrai a estima das pessoas de bem, e nossa estrela, a do público.

166

O mundo recompensa mais vezes as aparências do mérito que o próprio mérito.

167

A avareza é mais oposta à economia que a liberalidade.

168

Por ilusória que seja, a esperança serve ao menos para nos levar ao fim da vida por um caminho agradável.

169

Enquanto a preguiça e a timidez nos retêm em nossa obrigação, nossa virtude é que em geral recebe toda a honra.

170

Difícil é julgar se um procedimento claro, sincero e honesto é efeito da probidade ou da astúcia.

171

As virtudes se perdem no interesse, como os rios se perdem no mar.

172

Se examinarmos bem os diversos efeitos do tédio, perceberemos que ele nos faz faltar a mais obrigações que o interesse.

173

Há vários tipos de curiosidade: uma de interesse, que nos leva a desejar saber o que pode nos ser útil, e outra de orgulho, que vem do desejo de saber o que os outros ignoram.

174

Mais vale empregar nosso espírito em suportar os infortúnios que nos acontecem que em prever os que podem nos acontecer.

175

A constância no amor é uma inconstância perpétua que faz nosso coração apegar-se sucessivamente a todas as qualidades de quem amamos, dando preferência ora a uma, ora a outra, de modo que essa constância é apenas uma inconstância imutável e fechada num mesmo sujeito.

176

Há duas espécies de constância no amor: uma vem de encontrarmos continuamente na pessoa amada novos motivos de amor, e outra vem de nos ser questão de honra essa constância.

177

A perseverança não é digna de crítica nem de elogio porque não é mais que a duração dos gostos e dos sentimentos, que nem se tira nem se dá.

178

O que nos faz amar os novos conhecidos não é tanto o cansaço que sentimos dos velhos ou o prazer de mudar, mas o desgosto de não sermos suficientemente admirados pelos que nos conhecem muito e a esperança de sê-lo mais pelos que não nos conhecem tanto.

179

Às vezes queixamo-nos levianamente de nossos amigos para justificar de antemão nossa leviandade.

180

Nosso arrependimento não é tanto o remorso pelo mal que fizemos como o temor pelo que nos pode sobrevir.

181

Há uma inconstância que vem da leviandade do espírito ou de sua fraqueza, que o faz acatar todas as opiniões alheias, e há outra, mais desculpável, que vem do desgosto pelas coisas.

182

Os vícios entram na composição das virtudes como os venenos entram na composição dos remédios. A prudência os mistura e tempera, e usa-os utilmente contra os males da vida.

REFLEXÕES OU SENTENÇAS E MÁXIMAS MORAIS

183

É preciso concordar, em honra à virtude, que as maiores desgraças dos homens são aquelas em que eles caem por seus crimes.

184

Confessamos nossos defeitos para, por nossa sinceridade, corrigir o mal que eles nos causam no espírito dos outros.

185

Há heróis no mal como no bem.

186

Não desprezamos todos os que têm vícios, mas sim todos que não têm nenhuma virtude.

187

O nome da virtude serve tão utilmente ao interesse como os vícios.

188

A saúde da alma não é mais segura que a do corpo; e embora nos pareça estar distante das paixões, há tanto perigo em nos deixarmos arrastar por elas como em adoecer quando estamos saudáveis.

189

Parece que a natureza prescreveu a cada homem, desde seu nascimento, limites às virtudes e aos vícios.

190

Só aos grandes homens cabe ter grandes defeitos.

191

Pode-se dizer que os vícios nos esperam no decorrer da vida como anfitriões com quem temos de nos hospedar sucessivamente; e duvido que a experiência nos fizesse evitá-los se nos fosse permitido percorrer duas vezes o mesmo caminho.

192

Quando os vícios nos abandonam, vangloriamo-nos crendo que fomos nós que os abandonamos.

193

Há recaídas nas doenças da alma como nas do corpo. O que consideramos nossa cura costuma ser apenas uma trégua ou uma mudança de mal.

194

Os defeitos da alma são como as feridas do corpo: por mais cuidado que tomemos em curá-las, a cicatriz sempre fica, e a todo momento elas correm o risco de reabrir.

195

O que costuma nos impedir de nos abandonarmos a um só vício é que temos vários.

196

Esquecemos facilmente nossos erros quando só nós os conhecemos.

197

Há pessoas de quem jamais devemos pensar mal sem tê-lo visto; mas não aquelas em quem não devemos nos surpreender ao vê-lo.

198

Elevamos a glória de uns para rebaixar a de outros. E às vezes louvaríamos menos Monsieur le Prince e o senhor de Turenne se não quiséssemos criticar os dois.*

* Monsieur le Prince é Luís II de Bourbon, príncipe de Condé

REFLEXÕES OU SENTENÇAS E MÁXIMAS MORAIS   37

199
O desejo de parecer hábil costuma impedir de sê-lo.

200
A virtude não iria tão longe se a vaidade não lhe fizesse companhia.

201
Engana-se redondamente quem acredita poder encontrar em si mesmo algo que o dispense dos outros; mas se engana muito mais quem acredita que ninguém pode dispensá-lo.

202
Os falsos homens de bem são os que disfarçam seus defeitos para os outros e para si mesmos. Os verdadeiros homens de bem são os que os conhecem perfeitamente e os confessam.

203
O verdadeiro homem honrado é aquele que não se vangloria de nada.

204
A gravidade das mulheres é um requinte e um cosmético que acrescentam à sua beleza.

205
A honestidade das mulheres costuma ser o amor à sua reputação e ao seu sossego.

(1621-1686). Henri de La Tour d'Auvergne, visconde de Turenne (1611-1675), foi um dos grandes generais de Luís XIII e Luís XIV. Ambos disputavam a glória das armas e lutaram pela França na Guerra dos Trinta Anos.

206

É ser verdadeiramente um homem de bem querer estar sempre exposto à vista das pessoas de bem.

207

A loucura nos segue em todos os períodos da vida. Se alguém parece ajuizado é só porque suas loucuras são proporcionais à sua idade e à sua fortuna.

208

Há tolos que se conhecem e empregam habilmente sua tolice.

209

Quem vive sem loucura não é tão sensato como pensa.

210

Ao envelhecermos tornamo-nos mais loucos e mais sábios.

211

Há pessoas que parecem os vaudeviles, que só cantamos por uma temporada.

212

A maioria das pessoas só julga os homens pela fama que têm ou por sua fortuna.

213

O amor à glória, o medo da vergonha, o intento de fazer fortuna, o desejo de tornar nossa vida cômoda e agradável e a vontade de rebaixar os outros costumam ser as causas dessa coragem tão célebre entre os homens.

214

A valentia é nos simples soldados um ofício perigoso que abraçaram para ganhar a vida.

215

A perfeita valentia e a completa poltronice são dois extremos a que raramente se chega. É vasto o espaço que existe no meio-termo e contém todas as outras espécies de coragem: não há menos diferença entre elas que entre os rostos e os humores. Há homens que se expõem de bom grado no começo de uma ação e que afrouxam e desanimam facilmente por sua duração. Há os que ficam contentes quando satisfizeram a honra do mundo e fazem pouca coisa além. Vemos os que nem sempre são igualmente senhores de seu medo. Outros às vezes deixam-se levar por terrores gerais. Outros vão ao ataque porque não ousam permanecer em seus postos. Há aqueles para quem o hábito dos perigos menores consolida a coragem e prepara-os para se expor aos maiores. Há os bravos a golpes de espada e que temem os de mosquete; outros são firmes nos golpes de mosquete e receiam brigar com espada. Todos esses diferentes tipos de coragem concordam que a noite, aumentando o temor e ocultando as boas e más ações, dá a cada um a liberdade de se poupar. Há ainda outro comportamento mais geral, pois não há homem que em dada ocasião faça tudo o que seria capaz de fazer se tivesse a garantia de se safar. De modo que é visível que o medo da morte diminui uma parte da coragem.

216

A perfeita coragem é fazer sem testemunhas o que seríamos capazes de fazer diante de todos.

217

A intrepidez é uma extraordinária força da alma que a eleva acima dos distúrbios, desordens e emoções que nela poderia excitar a visão dos grandes perigos; e é por essa força que os heróis se mantêm num estado tranquilo e conservam o uso livre da razão nos acidentes mais espantosos e terríveis.

218

A hipocrisia é uma homenagem que o vício presta à virtude.

219

A maioria dos homens expõe-se bastante na guerra para salvar sua honra. Mas poucos querem sempre se expor o quanto é necessário para que tenha êxito o objetivo pelo qual se expõem.

220

A vaidade, a vergonha e sobretudo o temperamento formam em geral a coragem dos homens e a virtude das mulheres.

221

Não queremos perder a vida e queremos adquirir glória; por isso os valentes têm mais destreza e espírito para evitar a morte do que os chicaneiros para conservar seus bens.

222

Não há quem no primeiro pendor da idade não dê a conhecer por onde seu corpo e seu espírito devam fraquejar.

223

Ocorre com a gratidão o mesmo que com a boa-fé dos comerciantes: ela mantém o comércio, e não pagamos porque é justo nos desonerar, mas para encontrar mais facilmente quem nos empreste.

224

Nem todos os que pagam dívidas de gratidão podem por isso se gabar de ser gratos.

225

O que cria a desilusão no reconhecimento que se espera dos favores que fizemos é que o orgulho de quem dá e o orgulho de quem recebe não conseguem se acertar sobre o preço do benefício.

226

A demasiada pressa que temos em cumprir uma obrigação é uma espécie de ingratidão.

227

As pessoas felizes não se corrigem; pensam ter sempre razão mesmo quando a fortuna favorece sua má conduta.

228

O orgulho não quer dever, e o amor-próprio não quer pagar.

229

O bem que recebemos de alguém exige que respeitemos o mal que ele nos faz.

230

Nada é tão contagioso como o exemplo, e nunca fazemos grandes bens nem grandes males que não produzam outros semelhantes. Imitamos as boas ações por emulação e as más pela malignidade de nossa natureza, que a vergonha mantinha prisioneira e o exemplo põe em liberdade.

231

Grande loucura é querer ser sábio sozinho.

232

Qualquer que seja o pretexto que damos para nossas aflições, em geral são só o interesse e a vaidade que as causam.

233

Há nas aflições diversos tipos de hipocrisia. Numa, a pretexto de chorar a perda de uma pessoa que nos é cara, choramos por nós mesmos; lamentamos a boa opinião que ela tinha de nós; choramos a diminuição de nossos bens, de nosso prazer, de nossa consideração. Assim, os mortos têm a honra das lágrimas que só correm pelos vivos. Digo que é uma espécie de hipocrisia porque nessas aflições enganamos a nós mesmos. Há outra hipocrisia que não é tão inocente, porque se impõe a todos: é a aflição de certas pessoas que aspiram à glória de uma dor bela e imortal. Depois que o tempo que tudo consome fez cessar a dor que sentiam de fato, elas não deixam de se obstinar em suas lágrimas, em seus queixumes e suspiros; revestem-se de um personagem lúgubre e se empenham em convencer por todas as suas ações que seu pesar só terminará com sua vida. Em geral, essa triste e cansativa vaidade encontra-se nas mulheres ambiciosas. Como seu sexo barra todos os caminhos que as levam à glória, esforçam-se em tornar-se célebres pela exibição de uma inconsolável aflição. Há ainda outra espécie de lágrimas que brotam de pequenas nascentes que correm e secam facilmente: chora-se para ter a reputação de ser meigo, chora-se para ser lastimado, chora-se para ser chorado; enfim, chora-se para evitar a vergonha de não chorar.

234

Costuma ser mais por orgulho que por ausência de luzes que nos opomos com tanta obstinação às opiniões mais correntes: encontramos os primeiros lugares ocupados no bom partido, e não queremos os últimos.

235

Consolamo-nos facilmente com as desgraças de nossos amigos quando elas servem para manifestar-lhes nossa ternura.

236

Parece que o amor-próprio é ludibriado pela bondade e esquece de si quando trabalhamos em favor dos outros. No entanto, isso é tomar o caminho mais seguro para chegar a seus fins; é emprestar com usura a pretexto de dar; é, enfim, comprar a todos por um meio sutil e delicado.

237

Ninguém merece ser elogiado por sua bondade se não tem a força para ser mau: qualquer outra bondade não é mais que preguiça ou impotência da vontade.

238

Não é tão perigoso fazer mal à maioria dos homens como lhes fazer demasiado bem.

239

Nada afaga mais nosso orgulho do que a confiança dos grandes, porque a olhamos como efeito de nosso mérito, sem considerar que quase sempre só vem da vaidade ou da impotência de guardar o segredo.

240

Pode-se dizer do encanto separado da beleza que é uma simetria cujas regras não conhecemos, e uma relação secreta dos traços entre si, e dos traços com as cores e com o ar da pessoa.

241

A coqueteria é o fundo da índole das mulheres. Mas nem todas a põem em prática, porque em algumas é retida pelo receio ou pela razão.

242

Em geral incomodamos os outros quando pensamos jamais poder incomodá-los.

243

Há poucas coisas impossíveis em si mesmas, e para realizá-las falta-nos mais a dedicação que os meios.

244

A habilidade suprema consiste em conhecer bem o preço das coisas.

245

É uma grande habilidade saber esconder a própria habilidade.

246

O que parece generosidade só costuma ser uma ambição disfarçada que despreza pequenos interesses para conseguir os maiores.

247

A fidelidade que se nota na maioria dos homens é só uma invenção do amor-próprio para atrair a confiança. É um meio de nos fazer superiores aos outros e depositários das coisas mais importantes.

248

A magnanimidade despreza tudo para ter tudo.

249

Não há menos eloquência no tom da voz, nos olhos e no ar da pessoa do que na escolha das palavras.

250

A verdadeira eloquência consiste em dizer tudo o que se deve e em só dizer o que se deve.

251

Há pessoas em quem os defeitos caem bem, e outras que são desgraciosas com suas boas qualidades.

252

Tão ordinário é ver mudarem os gostos como extraordinário é ver mudarem as inclinações.

253

O interesse recorre a virtudes e vícios de todo tipo.

254

Muitas vezes a humildade é só uma falsa submissão de que nos valemos para submeter os outros; é um artifício do orgulho que se rebaixa para se elevar; e embora se transforme de mil maneiras, ele nunca está mais disfarçado e mais capaz de enganar do que quando se esconde sob o manto da humildade.

255

Todos os sentimentos têm, cada um, seu tom de voz, gestos e aparências que lhes são próprios. E essa relação boa ou má, agradável ou desagradável, é o que faz as pessoas agradarem ou desagradarem.

256

Em todas as profissões, cada um finge uma fisionomia e um exterior para aparentar o que quer que acreditem. Assim, pode-se dizer que o mundo só é composto de aparências.

257

A gravidade é um mistério do corpo inventado para esconder os defeitos do espírito.

258

O bom gosto vem mais do julgamento que do espírito.

259

O prazer do amor é amar, e somos mais felizes pela paixão que temos do que pela que provocamos.

260

A cortesia é um desejo de recebê-la e de ser considerado polido.

261

A educação que em geral se dá aos jovens é um segundo amor-próprio que lhes inspiramos.

262

Não há paixão em que o amor a si mesmo reine tão poderosamente como no amor; e estamos sempre mais dispostos a sacrificar a paz de quem amamos do que a perder a nossa.

263

O que se chama liberalidade costuma ser apenas a vaidade de dar, que prezamos mais que aquilo que damos.

264

A piedade é quase sempre uma sensação de nossos próprios males nos males do outro. É uma hábil previsão das desgraças em que podemos cair; socorremos os outros para comprometê-los a nos fazer o mesmo em ocasiões semelhantes; e esses serviços que lhes prestamos são, propriamente falando, bens que fazemos a nós mesmos por antecipação.

265

A pequenez do espírito produz a teimosia, e não acreditamos facilmente no que está além do que vemos.

266

É enganar-se acreditar que só as paixões violentas como a ambição e o amor podem vencer as outras. A preguiça, por lânguida que seja, muitas vezes não deixa de ser a dominante; usurpa todos os desígnios e ações da vida, e destrói e consome insensivelmente as paixões e virtudes.

267

A presteza em acreditar no mal sem examiná-lo o suficiente é efeito do orgulho e da preguiça. Queremos encontrar culpados e não queremos nos dar ao trabalho de examinar os crimes.

268

Recusamos juízes para os interesses menores e queremos que nossa reputação e glória dependam do julgamento dos homens, que nos são todos contrários, ou por inveja, ou por preocupação ou por suas poucas luzes; e é só para fazê-los pronunciarem-se em nosso favor que expomos de tantas maneiras nossa tranquilidade e nossa vida.

269

Não há homem hábil o bastante para conhecer todo o mal que faz.

270

A honra adquirida é fiadora da que se deve adquirir.

271

A juventude é uma embriaguez contínua: é a febre da razão.

272

Nada deveria humilhar mais os homens que mereceram grandes elogios do que o cuidado que ainda tomam de se valorizar por pequenas coisas.

273

Aprovamos pessoas no mundo cujo único mérito são os vícios que servem ao comércio da vida.

274

A graça da novidade é para o amor o que a flor é para as frutas; dá-lhe um lustro que se apaga facilmente e jamais volta.

275

O bom temperamento, que se gaba de ser tão sensível, muitas vezes é sufocado pelo menor interesse.

276

A ausência diminui as paixões medíocres e aumenta as grandes, assim como o vento apaga as velas e acende o fogo.

277

Muitas vezes as mulheres acreditam amar, ainda que não amem. A ocupação com uma intriga, a emoção do espírito provocada pelo galanteio, a propensão natural ao prazer de serem amadas e o esforço de recusar convencem-nas de que sentem paixão, quando só sentem coqueteria.

278

O que nos deixa tão descontentes com os que negociam é que quase sempre abandonam o interesse de seus amigos pelo interesse do êxito da negociação, o qual se torna deles pela honra de terem sido exitosos no que empreenderam.

279

Quando exageramos a ternura de nossos amigos por nós em geral é menos por reconhecimento que pelo desejo de fazer compreender nosso mérito.

280

A aprovação que damos aos que se estabelecem no mundo muitas vezes vem da inveja secreta que temos pelos que aí estão instalados.

281

O orgulho, que nos inspira tanta inveja, também costuma nos servir para moderá-la.

282

Há falsidades disfarçadas que representam tão bem a verdade que seria julgar mal não se deixar enganar por elas.

283

Às vezes há mais habilidade em bem aconselhar a si mesmo do que em saber aproveitar um bom conselho.

284

Há malvados que seriam menos perigosos se não tivessem bondade nenhuma.

285

A magnanimidade é bem definida por seu nome; mas se poderia dizer que é o bom senso do orgulho e o caminho mais nobre para receber elogios.

286

É impossível amar uma segunda vez o que verdadeiramente deixamos de amar.

287

Não é tanto a fecundidade do espírito que nos faz encontrar vários expedientes num mesmo negócio, mas é a falta de luz que nos faz parar diante de tudo que se apresenta à nossa imaginação e nos impede de discernir primeiro o que é melhor.

288

Há negócios e doenças que os remédios irritam em certos momentos; e a grande habilidade consiste em conhecer quando é perigoso usá-los.

289
A simplicidade afetada é uma impostura delicada.

290
Há mais defeitos no caráter que no espírito.

291
O mérito dos homens tem sua temporada, como as frutas.

292
Pode-se dizer do temperamento dos homens, como da maioria das construções, que tem diversas fachadas, umas agradáveis e outras desagradáveis.

293
A moderação não pode ter o mérito de combater a ambição e submetê-la: jamais se encontram juntas. A moderação é a languidez e a preguiça da alma, assim como a ambição é sua atividade e seu ardor.

294
Gostamos sempre de quem nos admira, e nem sempre gostamos de quem admiramos.

295
Estamos longe de conhecer todas as nossas vontades.

296
Difícil é amar quem não estimamos; mas não menos difícil é amar quem estimamos muito mais que a nós.

297
Os humores do corpo têm um percurso corrente e regulado, que move e inclina imperceptivelmente nossa vontade; andam juntos e exercem sucessivamente um domínio secreto em nós, de modo que têm uma parte

REFLEXÕES OU SENTENÇAS E MÁXIMAS MORAIS 51

considerável em todas as nossas ações sem que possamos conhecê-lo.

298
A gratidão da maioria dos homens é apenas um desejo secreto de receber maiores benefícios.

299
Quase todos têm prazer em cumprir as pequenas obrigações; muitos têm reconhecimento pelas médias; mas quase ninguém deixa de ser ingrato às grandes.

300
Há loucuras que pegamos como doenças contagiosas.

301
Muitos desprezam o bem, mas poucos sabem dá-lo.

302
Em geral é só nos pequenos interesses que assumimos o risco de não acreditar nas aparências.

303
Por melhor que nos falem de nós, não nos ensinam nada de novo.

304
Costumamos perdoar os que nos aborrecem, mas não perdoamos os que se aborrecem conosco.

305
O interesse, que acusamos por todos os nossos crimes, muitas vezes merece ser louvado por nossas boas ações.

306

Quase não encontramos ingratos quando estamos em condição de fazer o bem.

307

Tão honesto é gloriar-se consigo quanto é ridículo fazê-lo com os outros.

308

Fez-se da moderação uma virtude para limitar a ambição dos grandes homens e consolar os medíocres de sua pouca fortuna e seu pouco mérito.

309

Há pessoas destinadas a ser tolas, que fazem tolices não só por opção, mas porque o próprio destino as obriga a fazer.

310

Às vezes acontecem acidentes na vida dos quais é preciso ser um pouco louco para bem se safar.

311

Se há homens cujo ridículo nunca se revelou é porque não se procurou bem.

312

O que faz com que os amantes nunca se aborreçam de estar juntos é que estão sempre falando de si mesmos.

313

Por que precisamos ter tanta memória para reter as menores particularidades do que nos aconteceu, e não ter tanta para lembrar quantas vezes as contamos a uma mesma pessoa?

314

O extremo prazer que sentimos em falar de nós mesmos deve nos fazer temer não dar nenhum aos que nos escutam.

315

O que via de regra nos impede mostrar o fundo de nosso coração a nossos amigos não é tanto a desconfiança que temos deles, mas a que temos de nós mesmos.

316

Os fracos não podem ser sinceros.

317

Não é grande desgraça obsequiar os ingratos, mas é desgraça insuportável ser obsequiado por um homem desonesto.

318

Há meios para curar a loucura, mas não os há para endireitar uma mente extraviada.

319

Não poderíamos conservar por muito tempo os sentimentos que devemos ter por nossos amigos e benfeitores se tomássemos a liberdade de falar amiúde de seus defeitos.

320

Louvar nos príncipes virtudes que não têm é injuriá-los impunemente.

321

Estamos mais perto de amar quem nos odeia que quem nos ama mais do que queremos.

322

Só os que são desprezíveis é que temem ser desprezados.

323

Nossa sabedoria está tão à mercê da fortuna quanto nossos bens.

324

No ciúme há mais amor-próprio que amor.

325

Consolamo-nos muitas vezes por fraqueza dos males que a razão não tem a força de nos consolar.

326

O ridículo desonra mais do que a desonra.

327

Só confessamos os pequenos defeitos para convencer de que não temos os grandes.

328

A inveja é mais irreconciliável que o ódio.

329

Às vezes pensamos odiar a adulação, mas apenas odiamos a maneira de adular.

330

Perdoamos enquanto amamos.

331

É mais difícil ser fiel à sua amante quando se é feliz do que quando se é desprezado.

332

As mulheres não conhecem toda a sua coqueteria.

333

As mulheres não têm severidade completa sem aversão.

334

As mulheres podem vencer menos sua faceirice do que sua paixão.

335

No amor, o engano vai quase sempre mais longe que a desconfiança.

336

Há certa espécie de amor cujo excesso impede o ciúme.

337

Certas boas qualidades são como os sentidos: os que carecem inteiramente delas não podem percebê-las nem compreendê-las.

338

Quando nosso ódio é intenso demais, põe-nos abaixo daqueles a quem odiamos.

339

Só sentimos nossos bens e males na proporção de nosso amor-próprio.

340

O talento da maioria das mulheres serve mais para fortalecer sua loucura que sua razão.

341

As paixões da juventude não são mais opostas à saúde do que a tibieza dos velhos.

342
O sotaque do país onde nascemos permanece tanto no espírito e no coração como na língua.

343
Para ser um grande homem é preciso saber aproveitar todo o seu destino.

344
Como as plantas, a maioria dos homens tem propriedades ocultas que o acaso leva a descobrir.

345
As ocasiões nos fazem conhecer os outros e ainda mais a nós mesmos.

346
Não pode haver regra no espírito nem no coração das mulheres se o temperamento não estiver de acordo.

347
Quase não encontramos pessoas de bom senso além das que concordam conosco.

348
Quando amamos, em geral duvidamos daquilo em que mais cremos.

349
O maior milagre do amor é curar a coqueteria.

350
O que nos causa tanta acrimônia com os que nos fazem espertezas é que acreditam ser mais astutos que nós.

351

É muito difícil romper quando já não se ama.

352

Quase sempre nos entediamos com as pessoas com quem não é permitido se entediar.

353

Um homem de bem pode apaixonar-se como um louco, mas não como um bobo.

354

Há certos defeitos que, bem valorizados, brilham mais que a própria virtude.

355

Às vezes as perdas de certas pessoas não nos aflige mas as lastimamos; as de outras nos afligem mas não as lastimamos.

356

Em geral só elogiamos de coração aqueles que nos admiram.

357

As almas pequenas ficam muito magoadas com as pequenas coisas; as grandes veem tudo e não se magoam.

358

A humildade é a verdadeira prova das virtudes cristãs: sem ela conservamos todos os nossos defeitos, e eles são cobertos apenas pelo orgulho que os esconde dos outros e muitas vezes de nós mesmos.

359

As infidelidades deveriam extinguir o amor, e não deveríamos ser ciumentos quando há motivo. Só quem evita provocar ciúme é digno de o sentirmos por ele.

360

Desacreditam-se conosco muito mais pelas menores infidelidades que nos fazem do que pelas maiores feitas com os outros.

361

O ciúme nasce sempre com o amor, mas nem sempre morre com ele.

362

A maioria das mulheres chora a morte de seus amantes não tanto por tê-los amado como por parecerem mais dignas de ser amadas.

363

As violências que nos fazem costumam causar-nos menos tristeza que as que fazemos a nós mesmos.

364

Bem sabemos que não devemos falar de nossa mulher, mas não sabemos bem que deveríamos menos ainda falar de nós.

365

Há boas qualidades que degeneram em defeitos quando são naturais, e outras que nunca são perfeitas quando são adquiridas. Por exemplo, a razão precisa nos fazer cuidar de nossos bens e de nossa confiança, e, ao contrário, a natureza precisa nos dar a bondade e a coragem.

366

Por mais desconfiança que tenhamos da sinceridade de quem nos fala, sempre acreditamos que nos dizem mais a verdade que aos outros.

367
Há poucas mulheres honestas que não se cansem de seu ofício.

368
A maioria das mulheres honestas são tesouros ocultos que só estão seguros porque não são buscados.

369
As violências que nos fazemos para nos impedir de amar costumam ser mais cruéis que os rigores de quem amamos.

370
Só os covardes conhecem sempre todo o seu medo.

371
É quase sempre culpa de quem ama não saber quando deixa de ser amado.

372
Quase todos os jovens acreditam ser naturais, quando são apenas mal-educados e incultos.

373
Há certas lágrimas que muitas vezes nos enganam depois de ter enganado os outros.

374
Está enganado quem acredita amar sua amante pelo amor dela.

375
Os espíritos medíocres condenam em geral tudo o que vai além de seu alcance.

376

A inveja é destruída pela verdadeira amizade, e a coqueteria, pelo verdadeiro amor.

377

O maior defeito da acuidade não é não chegar ao objetivo, mas ultrapassá-lo.

378

Damos conselhos mas não inspiramos condutas.

379

Quando nosso mérito diminui, nosso gosto também diminui.

380

A fortuna faz ver nossas virtudes e nossos vícios, como a luz faz ver os objetos.

381

A violência que fazemos para ser fiel a quem amamos quase equivale a uma infidelidade.

382

Nossas ações são como rimas forçadas, que cada um aplica ao que lhe agrada.

383

A vontade de falar de nós e exibir nossos defeitos do lado que queremos mostrá-los constitui grande parte de nossa sinceridade.

384

Só deveríamos nos surpreender de ainda conseguirmos nos surpreender.

385
Somos tão difíceis de contentar quando temos muito amor como quando já não temos quase nenhum.

386
Não há quem costume estar mais errado do que quem não tolera estar.

387
Um tolo não tem estofo suficiente para ser bom.

388
Se a vaidade não derruba inteiramente as virtudes, pelo menos abala todas.

389
O que nos torna insuportável a vaidade dos outros é que ela fere a nossa.

390
Renuncia-se mais facilmente a seu interesse que a seu gosto.

391
A fortuna jamais é tão cega como o é para aqueles a quem não favorece.

392
Há que se governar a fortuna como a saúde: desfrutá-la quando é boa, ter paciência quando é má, e jamais recorrer a grandes remédios sem extrema necessidade.

393
O ar burguês às vezes se perde no exército, mas nunca na corte.

394

É possível ser mais sagaz que outro, mas não mais sagaz que todos os outros.

395

Às vezes somos menos infelizes por nos iludirmos com quem amamos que por nos desiludirmos.

396

Mantém-se por muito tempo o primeiro amante quando não se tem um segundo.

397

Em geral falta-nos coragem para dizer que não temos defeitos e que nossos inimigos não têm boas qualidades, mas em particular não estamos muito longe de acreditar nisso.

398

De todos os nossos defeitos, mais facilmente concordamos com a preguiça; convencemo-nos de que ela participa de todas as virtudes tranquilas e que, sem destruir inteiramente as outras, apenas suspende suas funções.

399

Há uma elevação que não depende da fortuna: é um certo ar que nos distingue e parece nos destinar às grandes coisas; é um valor que damos imperceptivelmente a nós mesmos; é por essa qualidade que usurpamos as deferências dos outros homens, e é ela que em geral nos põe mais acima deles que o nascimento, as dignidades e o próprio mérito.

400

Há mérito sem elevação, mas não há elevação sem algum mérito.

401

A elevação está para o mérito como os adereços estão para a beleza.

402

O que menos se encontra no galanteio é amor.

403

A fortuna serve-se às vezes de nossos defeitos para nos elevar, e há pessoas incômodas cujo mérito seria mal recompensado se sua ausência não nos causasse algum desgosto.

404

Parece que a natureza escondeu no fundo de nosso espírito talentos e uma habilidade que não conhecemos; só as paixões têm o direito de trazê-los à luz e às vezes nos revelar aspectos mais exatos e perfeitos que a arte não conseguiria dar.

405

Chegamos totalmente novos às diversas idades da vida, e em geral nos falta a experiência apesar do número de anos.

406

As coquetes fazem questão de ter ciúme de seus amantes para esconder que têm inveja das outras mulheres.

407

É inevitável que os que caem em nossas artimanhas nos pareçam tão ridículos como parecemos a nós mesmos quando caímos nas artimanhas dos outros.

408

O mais perigoso ridículo dos velhos que foram amados é esquecer que não mais o são.

409

Não raro nos envergonharíamos de nossas mais belas ações se o mundo visse todos os motivos que as produzem.

410

A maior prova de amizade não é mostrar nossos defeitos a um amigo; é fazê-lo ver os seus.

411

Não temos defeitos que não sejam mais perdoáveis que os meios de que nos valemos para escondê-los.

412

Pouco importa a vergonha que merecemos, quase sempre está a nosso alcance restabelecer nossa reputação.

413

Não agradamos por muito tempo quando só temos uma espécie de talento.

414

Os loucos e os tolos só enxergam por seu humor.

415

Às vezes a inteligência nos serve para atrevidamente fazermos bobagens.

416

A vivacidade que aumenta com a velhice não anda longe da loucura.

417

No amor, quem primeiro se cura é sempre o mais bem curado.

418

As mulheres jovens que não querem parecer coquetes e os homens de idade avançada que não querem ser ridículos jamais devem falar do amor como de uma coisa de que possam participar.

419

Podemos parecer grandes num cargo abaixo de nosso mérito, mas em geral parecemos pequenos num cargo maior que nós.

420

Acreditamos muitas vezes ter constância nas desgraças, quando temos apenas abatimento, e as sofremos sem ousar encará-las como os covardes que se deixam matar por medo de se defender.

421

A confiança abastece mais a conversação que o espírito.

422

Todas as paixões nos fazem cometer erros, mas o amor nos faz cometer os mais ridículos.

423

Poucos sabem ser velhos.

424

Orgulhamo-nos dos defeitos contrários aos que temos: quando somos fracos, gabamo-nos de ser teimosos.

425

A acuidade tem um ar de adivinhar que lisonjeia mais nossa vaidade que todas as outras qualidades do espírito.

426

A graça da novidade e o hábito prolongado, por opostos que sejam, impedem-nos igualmente de conhecer os defeitos de nossos amigos.

427

A maioria dos amigos perde o gosto da amizade, e a maioria dos devotos perde o gosto da devoção.

428

Perdoamos facilmente em nossos amigos os defeitos que não nos afetam.

429

As mulheres que amam perdoam mais facilmente as grandes indiscrições que as pequenas infidelidades.

430

Na velhice do amor, como na da idade, ainda se vive para os males, mas não mais para os prazeres.

431

Nada impede tanto ser natural como o desejo de parecê-lo.

432

É de certa forma participar das belas ações louvá-las de coração.

433

A marca mais verdadeira de ter nascido com grandes qualidades é ter nascido sem inveja.

434

Quando nossos amigos nos enganam, só devemos indiferença aos sinais de sua amizade, mas sempre devemos sensibilidade às suas desgraças.

435
A fortuna e o temperamento governam o mundo.

436
Mais fácil é conhecer o homem em geral do que conhecer um homem em particular.

437
Não se deve julgar o mérito de um homem por suas grandes qualidades, mas pelo uso que sabe fazer delas.

438
Há um certo reconhecimento profundo que não só nos desonera dos benefícios que recebemos, mas faz até mesmo com que nossos amigos nos devam, pagando-lhes o que lhes devemos.

439
Não desejaríamos coisas com ardor se conhecêssemos perfeitamente o que desejamos.

440
O que leva a maioria das mulheres ser pouco sensível à amizade é que ela é insípida quando se provou o amor.

441
Na amizade como no amor costumamos ser mais felizes pelo que ignoramos que pelo que conhecemos.

442
Tentamos nos orgulhar dos defeitos que não queremos corrigir.

443
As paixões mais violentas às vezes nos dão uma trégua, mas a vaidade nos agita o tempo todo.

444
Os velhos loucos são mais loucos que os jovens.

445
A fraqueza é mais oposta à virtude que o vício.

446
O que torna tão agudas as dores da vergonha e do ciúme é que a vaidade não serve para suportá-las.

447
A decência é a menor e a mais observada de todas as leis.

448
É menos trabalhoso para uma mente correta submeter-se às mentes tortuosas do que dirigi-las.

449
Quando o destino nos surpreende dando-nos um grande lugar sem nos ter conduzido gradativamente, ou sem nos termos elevado por nossas esperanças, é quase impossível nos mantermos bem nele e parecermos dignos de ocupá-lo.

450
Nosso orgulho costuma aumentar com o que suprimimos de nossos outros defeitos.

451
Não há tolos tão incômodos como os que têm talento.

452
Não há homem que se acredite, em qualquer de suas qualidades, inferior ao homem do mundo que ele mais estima.

453
Nos grandes negócios devemos nos dedicar menos a criar as oportunidades do que a aproveitar as que se apresentam.

454
Não há ocasião em que tenhamos feito um mau negócio ao renunciarmos ao bem que dizem de nós, contanto que nunca falem mal.

455
Por mais disposto que o mundo esteja a julgar mal, ainda é mais frequente que mostre benevolência com o falso mérito do que injustiça com o verdadeiro.

456
Às vezes um tolo tem espírito, mas nunca tem julgamento.

457
Ganharíamos mais em nos mostrar tal como somos que em tentar parecer o que não somos.

458
Nossos inimigos aproximam-se mais da verdade nos julgamentos que fazem de nós do que nós mesmos.

459
Há vários remédios que curam o amor, mas nenhum é infalível.

460
Estamos longe de conhecer tudo o que nossas paixões nos levam a fazer.

461
A velhice é um tirano que proíbe, sob pena de morte, todos os prazeres da juventude.

462

O mesmo orgulho que nos faz criticar os defeitos de que nos julgamos isentos leva-nos a desprezar as boas qualidades que não temos.

463

Muitas vezes há mais orgulho que bondade em condoer-nos das desgraças de nossos inimigos; é para fazê-los sentir que somos superiores que lhes damos mostras de compaixão.

464

Há um excesso de bens e de males que ultrapassa nossa sensibilidade.

465

É indispensável que a inocência encontre tanta proteção como o crime.

466

De todas as paixões violentas, a que assenta menos mal nas mulheres é o amor.

467

A vaidade nos leva a fazer mais coisas contra nosso gosto do que a razão.

468

Há más qualidades que produzem grandes talentos.

469

Jamais se deseja ardentemente o que só se deseja pela razão.

470

Todas as nossas qualidades são incertas e duvidosas tanto no bem como no mal, e quase todas estão à mercê das ocasiões.

471
Nas primeiras paixões as mulheres amam o amante, nas outras amam o amor.

472
O orgulho tem suas esquisitices, como as outras paixões; envergonhamo-nos de confessar que sentimos ciúme, e vangloriamo-nos de tê-lo sentido e de ser capazes de sentir.

473
Por raro que seja o verdadeiro amor, ele o é ainda menos que a verdadeira amizade.

474
Há poucas mulheres cujo mérito dure mais que a beleza.

475
A vontade de ser compadecido ou admirado constitui em geral a maior parte de nossa confiança.

476
Nossa inveja sempre dura mais que a felicidade de quem invejamos.

477
A mesma firmeza que serve para resistir ao amor também serve para torná-lo violento e duradouro, e os fracos que são sempre agitados por paixões quase nunca estão verdadeiramente tomados por elas.

478
A imaginação não conseguiria inventar tantas e diversas contrariedades como há naturalmente no coração de cada um.

479

Só quem tem firmeza é que pode ter uma verdadeira doçura; os que parecem doces em geral têm apenas fraqueza, que facilmente se converte em desespero.

480

A timidez é um defeito perigoso de repreender nas pessoas que queremos corrigir.

481

Nada é mais raro que a verdadeira bondade; mesmo os
que creem tê-la geralmente só têm condescendência ou
fraqueza.

482

O espírito apega-se por preguiça e constância ao que lhe é
fácil ou agradável; esse hábito sempre põe limites a nossos
conhecimentos e nunca ninguém se deu ao trabalho de
estender e levar seu espírito tão longe quanto poderia ir.

483

Somos em geral mais maledicentes por vaidade que por
malícia.

484

Quando ainda temos o coração agitado pelos restos de
uma paixão, estamos mais perto de cair numa nova do
que quando estamos completamente curados.

485

Os que tiveram grandes paixões sentem-se felizes por
toda a vida, e infelizes por terem se curado.

486

Há ainda mais gente sem interesse do que sem inveja.

487
Temos mais preguiça no espírito que no corpo.

488
A calma ou a agitação de nosso temperamento não depende tanto do que nos acontece de mais considerável na vida, mas de um arranjo cômodo ou desagradável das pequenas coisas que acontecem todo dia.

489
Por malvados que sejam os homens, não ousariam parecer inimigos da virtude, e quando querem persegui-la fingem acreditar que é falsa ou lhe atribuem crimes.

490
Muitas vezes passa-se do amor à ambição, mas é raro retornar da ambição ao amor.

491
A extrema avareza quase sempre se equivoca; não há paixão que se afaste mais correntemente de seu objetivo, nem sobre a qual o presente tenha tanto poder em detrimento do futuro.

492
A avareza costuma produzir efeitos contrários; há infinitas pessoas que sacrificam todos os seus bens a esperanças duvidosas e remotas, e outras que desprezam grandes vantagens futuras por pequenos interesses presentes.

493
Parece que os homens não encontram em si defeitos suficientes, pois ainda aumentam seu número por certas qualidades singulares que fingem se atribuir, e as cultivam com tanto esmero que, no final, elas se tornam defeitos naturais que não mais depende deles corrigir.

494

O que mostra que os homens conhecem seus erros melhor do que se pensa é que nunca estão errados quando os ouvimos falar de sua conduta: então o mesmo amor-próprio que em geral os cega ilumina-os, e lhes dá visões tão justas que os fazem suprimir ou disfarçar as menores coisas que podem ser condenadas.

495

É preciso que os jovens que ingressam na sociedade sejam envergonhados ou estouvados: pois não raro um ar capaz e de compostura degenera em impertinência.

496

As querelas não durariam muito tempo se o erro estivesse apenas de um lado.

497

De nada adianta ser jovem sem ser bela, nem ser bela sem ser jovem.

498

Há pessoas tão levianas e frívolas que estão igualmente longe de ter verdadeiros defeitos como sólidas qualidades.

499

Em geral as mulheres só contam o primeiro galanteio quando têm um segundo.

500

Há pessoas tão cheias de si que, quando se apaixonam, dão um jeito de se ocupar com sua paixão sem fazê-lo com a pessoa que amam.

501

O amor, por agradável que seja, agrada ainda mais pelas maneiras como se manifesta que por si mesmo.

502

A longo prazo, pouco espírito mas reto aborrece menos que muito espírito mas sinuoso.

503

A inveja é o maior de todos os males e o que dá menos pena dos que o causam.

504

Depois de ter falado da falsidade de tantas virtudes aparentes, é razoável dizer algo sobre a falsidade do desprezo da morte. Ouço falar desse desprezo da morte que os pagãos se gabam de tirar das próprias forças, sem a esperança de uma vida melhor. Há diferença entre sofrer a morte constantemente e desprezá-la. O primeiro é bastante corrente; mas creio que o segundo jamais é sincero. Escreveu-se, porém, tudo o que se pôde para persuadir que a morte não é um mal; e os homens mais fracos, tanto quanto os heróis, deram mil exemplos célebres para estabelecer essa opinião. No entanto, duvido que alguém de bom senso jamais tenha acreditado nisso; e o trabalho que se tem para convencer os outros e a si mesmo mostra muito bem a dificuldade dessa empreitada. Podemos ter diversos motivos de desgosto na vida, mas nunca temos razão para desprezar a morte; mesmo aqueles que se matam voluntariamente não a consideram tão pouca coisa, e espantam-se e a rejeitam como os outros quando ela lhes chega por outro caminho que não o que escolheram. A desigualdade que observamos na coragem de um número infinito de homens valentes resulta de como a morte se revela diferentemente à sua imaginação e parece mais presente num tempo que em outro. Assim, acontece que, depois de terem desprezado o que não conhecem, eles temem enfim o que conhecem. É preciso evitar encará-la com todas as suas circunstâncias se não quisermos acreditar que ela é o maior de todos os males. Os mais hábeis e os mais bravos são os que apelam para os pretextos mais honestos para impedir de levá-la em consideração. Mas todo homem que sabe vê-la tal qual ela é acha que é uma coisa pavorosa. A necessidade de morrer resumia toda a constância dos filósofos. Acreditavam ser preciso ir de bom grado aonde não seria possível deixar de ir; e, não podendo eternizar sua vida, não havia nada que não fizessem para eternizar sua reputação e salvar do naufrágio a parte possível. Contentemo-nos, para olhá-la com bom semblante, em não dizer a nós mesmos tudo o que pensamos a respeito, e esperemos mais de nosso temperamento do que desses fracos raciocínios que nos fazem crer que podemos nos aproximar da morte com indiferença. A glória de morrer com firmeza, a esperança de ser pranteado, o desejo de deixar uma bela reputação, a segurança de nos libertarmos das misérias da vida e não mais depender dos caprichos da fortuna são remédios que não devemos recusar. Mas também não devemos crer que são infalíveis. Eles fazem, para nos assegurar, o que um simples valado costuma fazer na guerra para assegurar os que devem se aproximar de um local de onde disparam. Quando estamos afastados imaginamos que pode nos dar cobertura; mas quando estamos próximos achamos que é um frágil socorro. É lisonjear-nos pensar que a morte nos parecerá de perto o que a imaginamos de longe, e que nossos sentimentos, que são apenas fraqueza, são de uma têmpera bastante forte para não sofrer dano pela mais rude de todas as provas. É também conhecer mal os efeitos do amor-próprio pensar que ele possa nos ajudar a desprezar aquilo que deve necessariamente destruí-lo, e a razão, na qual pensamos encontrar tantos recursos, é muito fraca nessa ocasião para nos convencer do que queremos.

Ao contrário, é ela que no mais das vezes nos trai, e que, em vez de nos inspirar o desprezo da morte, serve para nos revelar o que tem de pavoroso e terrível. Tudo o que pode fazer por nós é aconselhar-nos a desviar os olhos para fixá-los em outros objetos. Catão e Bruto escolheram outros objetos ilustres. Um lacaio contentou-se, há algum tempo, em dançar no cadafalso onde ia ser supliciado na roda. Assim, embora sejam diferentes, os motivos produzem os mesmos efeitos. De modo que é verdade que, por maior que seja a desproporção entre os grandes homens e as pessoas comuns, vimos mil vezes uns e outros receberem a morte com o mesmo semblante; mas foi sempre com essa diferença de que, no desprezo que os grandes homens aparentam pela morte, é o amor à glória que os cega, e nas pessoas comuns é apenas um efeito de sua ignorância que as impede de conhecer o tamanho de seu mal e deixa-lhes a liberdade de pensar em outra coisa.

Máximas suprimidas*

I. Máximas suprimidas
depois da primeira edição

1

O amor-próprio é o amor de si mesmo e de todas as coisas para si; torna os homens idólatras de si e os faria tiranos dos outros se a fortuna lhes desse os meios; jamais se fixa fora de si e só se detém em assuntos alheios tal como as abelhas nas flores, para daí tirar o que lhe é próprio. Nada é mais impetuoso que seus desejos, nada tão oculto como suas intenções, nada tão hábil como suas condutas; sua flexibilidade é inimaginável, suas transformações ultrapassam as das metamorfoses, e seus refinamentos, os da química. Não se pode sondar a profundidade nem penetrar as trevas de seus abismos. Lá está protegido dos olhos mais penetrantes; faz milhares insensíveis voltas e rodeios. Lá costuma estar invisível para si mesmo, ali concebe, nutre e constrói, sem saber, uma profusão de afetos e ódios; forma outros tão monstruosos que, quando os traz à luz, não os reconhece ou não consegue se decidir a confessá-los.

---

* As máximas suprimidas figuraram desde a segunda edição, de 1666, até a quinta, de 1678, e foram cortadas por La Rochefoucauld depois de publicadas nas sucessivas edições. Cf. "Note de l'éditeur", *Maximes et réflexions diverses*, La Rochefoucauld, op. cit.

Dessa noite que o protege nascem as ridículas persuasões que tem sobre si mesmo; daí vêm seus erros, suas ignorâncias, suas grosserias e as bobagens a seu respeito; daí vem que ele a acredite que seus sentimentos morreram quando apenas estão adormecidos, que imagine não ter mais vontade de correr tão logo descanse, e que pense ter perdido todos os gostos que satisfez. Mas essa densa escuridão que o esconde de si mesmo não impede que veja perfeitamente o que está fora dele, e em que se assemelha a nossos olhos, que descobrem tudo e só são cegos para si mesmos. Com efeito, em seus maiores interesses e em seus mais importantes negócios, nos quais a violência de seus desejos chama toda a sua atenção, ele vê, sente, ouve, imagina, suspeita, penetra, tudo adivinha; de modo que somos tentados a crer que cada uma de suas paixões tem uma espécie de magia que lhe é própria. Nada é tão íntimo e tão forte como seus vínculos, que ele tenta romper inutilmente ao ver as desgraças extremas que o ameaçam. No entanto, às vezes faz em pouco tempo, e sem nenhum esforço, o que não pôde fazer com todos durante vários anos; donde se poderia concluir, muito provavelmente, que seus desejos são acesos por ele mesmo e não pela beleza e pelo mérito de seus objetos; que seu gosto é o preço que os valoriza e o artifício que os embeleza; que é atrás de si mesmo que ele corre, e que segue a própria vontade quando persegue as coisas que são de seu agrado. É feito de todos os contrários: é imperioso e obediente, sincero e dissimulado, misericordioso e cruel, tímido e audacioso. Tem diferentes pendores segundo a diversidade dos temperamentos que o orientam e o devotam ora à glória, ora às riquezas, ora aos prazeres; muda de acordo com a mudança de nossas idades, fortunas e experiências; mas é-lhe indiferente ter várias ou apenas uma, porque se divide em vários e se condensa numa quando é necessário e como lhe apraz. É inconstante, e além das mudanças que vêm das causas alheias, há uma infinidade que nasce dele e de seu próprio fundo; é inconstante de inconstância, de leviandade, de amor, de novidade, de lassidão e de desgosto; é caprichoso, e às vezes o vemos trabalhar com o máximo empenho e com esforços inacreditáveis para obter coisas que não lhe são nada vantajosas e até lhe são nocivas, mas que ele persegue porque as quer. É estranho, e costuma pôr toda a sua dedicação nos cargos mais frívolos; encontra todo seu prazer nos mais insípidos e conserva toda a sua vaidade nos mais desprezíveis. Está em todas as situações da vida e em todas as condições; vive em toda parte e vive de tudo, vive de nada; acomoda-se com as coisas e com sua privação; até mesmo passa para o partido das pessoas que fazem a guerra, penetra em seus desígnios; e, o que é admirável, odeia a si mesmo junto com elas, conjura sua perda, até trabalha para sua própria ruína. Enfim, só se preocupa em existir, e, contanto que exista, aceita ser seu próprio inimigo. Portanto, não há que se surpreender se às vezes se junta à mais rude austeridade e se com ela faz tão ousadamente sociedade para se destruir, porque ao mesmo tempo que se arruína num lugar se restabelece em outro; quando se pensa que abandona seu prazer, não faz senão suspendê-lo, ou mudá-lo, e mesmo quando é vencido e que pensamos estar ele derrotado, o encontramos triunfando em sua própria derrota. Eis o retrato do amor-próprio, cuja vida inteira é apenas uma grande e longa agitação; o mar é uma imagem sensível sua, e o amor-próprio encontra no fluxo e no refluxo de suas ondas contínuas uma fiel expressão da sucessão turbulenta de seus pensamentos e de seus eternos movimentos.

2

Todas as paixões não são outra coisa senão os diversos graus do calor e da frieza do sangue.

3

A moderação na boa fortuna é apenas o temor da vergonha que se segue a nosso arrebatamento, ou o medo de perder o que possuímos.

4

A moderação é como a sobriedade: gostaríamos de comer mais, mas tememos que nos faça mal.

5

Todas as pessoas notam nos outros defeitos que notamos nelas.

6

O orgulho, como cansado de seus artifícios e diferentes metamorfoses, depois de representar sozinho todos os papéis da comédia humana, mostra-se com um rosto natural e se revela pela soberbia; de modo que a vaidade é propriamente falando o esplendor e a declaração do orgulho.

7

A compleição que produz o talento para as pequenas coisas é contrária à que o produz para as grandes.

8

É uma espécie de felicidade saber até que ponto devemos ser infelizes.

9

Nunca somos tão infelizes como pensamos, nem tão felizes como tínhamos esperado.

10

Muitas vezes nos consolamos de ser infelizes por um certo prazer que sentimos em parecê-lo.

11

Para poder responder por nossas ações futuras precisaríamos poder responder por nosso destino.

12

Como podemos responder pelo que quereremos no futuro se não sabemos exatamente o que queremos no presente?

13

O amor é para a alma de quem ama o que a alma é para o corpo que anima.

14

A justiça não é senão um vivo receio de que nos retirem o que nos pertence; daí vêm essa consideração e esse respeito por todos os interesses do próximo, e essa escrupulosa aplicação em não lhe causar nenhum prejuízo; tal receio retém o homem nos limites dos bens que deve ao nascimento ou à fortuna, e sem o qual ele usurparia continuamente os outros.

15

Nos juízes moderados, a justiça não é mais que o amor à sua elevação.

16

Insultamos a injustiça não pela aversão que lhe temos, mas pelo prejuízo que nos causa.

17

O primeiro gesto de alegria que temos pela felicidade de nossos amigos não vem de nossa bondade natural nem da amizade que temos por eles; é um efeito do amor-próprio que nos afaga com a esperança de chegar nossa vez de sermos felizes ou tirar algum proveito de sua boa fortuna.

18

Na adversidade de nossos melhores amigos sempre achamos algo que não nos desagrada.

19

A cegueira dos homens é o efeito mais perigoso de seu orgulho: serve para nutri-lo e aumentá-lo, e retira-nos o conhecimento dos remédios que poderiam aliviar nossas misérias e curar nossos defeitos.

20

Não temos mais razão quando já não esperamos encontrá-la nos outros.

21

Os filósofos, e Sêneca em especial, não eliminaram os crimes com seus preceitos: apenas os empregaram na construção do orgulho.

22

Os mais sábios o são nas coisas indiferentes, mas quase nunca o são em seus negócios mais sérios.

23

A mais sutil loucura nasce da mais sutil sabedoria.

24

A sobriedade é o amor à saúde, ou a impossibilidade de comer muito.

25

Cada talento nos homens, assim como cada árvore, tem suas propriedades e seus efeitos que, todos, lhe são particulares.

26

Nunca esquecemos melhor as coisas do que quando nos cansamos de falar delas.

27

A modéstia, que parece recusar os elogios, não é efetivamente senão um desejo de receber outros mais delicados.

28

Só criticamos o vício e só louvamos a virtude por interesse.

29

O amor-próprio impede que quem nos adula jamais seja aquele que mais nos adula.

30

Não distinguimos as espécies de cólera, embora haja uma leve e quase inocente, que vem do ardor da compleição, e outra mais criminosa, que é propriamente o furor do orgulho.

31

As grandes almas não são as que têm menos paixões e mais virtude que as comuns, mas as que têm maiores desígnios.

32

A ferocidade natural produz menos cruéis do que o amor-próprio.

33

Pode-se dizer de todas as nossas virtudes o que um poeta italiano disse da honestidade das mulheres, que muitas vezes não é outra coisa senão uma arte de parecer honesta.

34

O que o mundo chama de virtude em geral é apenas um fantasma formado por nossas paixões, a que se dá um nome correto para fazer impunemente o que se quer.

35
Jamais confessamos nossos defeitos senão por vaidade.

36
Não encontramos no homem o bem nem o mal em excesso.

37
Os incapazes de cometer grandes crimes não os suspeitam facilmente nos outros.

38
A pompa dos enterros atende mais à vaidade dos vivos que à honra dos mortos.

39
Por mais incerteza e variedade que apareçam no mundo, nota-se porém um certo encadeamento secreto e uma ordem regulada desde sempre pela Providência, que faz com que cada coisa funcione em seu lugar e siga o curso de seu destino.

40
A intrepidez deve sustentar o coração nas conjurações, enquanto só a coragem lhe dá toda a firmeza necessária nos perigos da guerra.

41
Os que gostariam de definir a vitória por seu nascimento ficariam tentados a chamá-la como os poetas de filha do Céu, pois não se encontra sua origem na terra. Efetivamente, ela é produto de uma infinidade de atos que, em vez de tê-la como objetivo, visam somente os interesses particulares dos que os fazem, pois todos os que compõem um exército pensam em sua própria glória e elevação e causam um bem tão grande e tão geral.

42

Não podemos responder por nossa coragem quando nunca nos vimos em perigo.

43

A imitação é sempre infeliz, e tudo o que é contrafeito desagrada com as mesmas coisas que encantam quando são naturais.

44

É bem difícil distinguir a bondade geral, e comum a todos, da grande sagacidade.

45

Para podermos ser sempre bons é preciso que os outros acreditem que nunca podem ser impunemente maus conosco.

46

A confiança de agradar é muitas vezes um meio infalível de desagradar.

47

A confiança que temos em nós gera em grande parte a que temos nos outros.

48

Há uma revolução geral que transforma o gosto dos espíritos tanto quanto os destinos do mundo.

49

A verdade é o fundamento e a razão da perfeição e da beleza; uma coisa, qualquer que seja sua natureza, não seria bela e perfeita se não fosse verdadeiramente tudo o que deve ser e se não tivesse tudo o que deve ter.

50
Há coisas belas que têm mais brilho quando permanecem imperfeitas do que quando são demasiado perfeitas.

51
A magnanimidade é um nobre esforço do orgulho que torna o homem senhor de si para torná-lo senhor de todas as coisas.

52
O luxo e a exagerada civilidade nos Estados são o presságio garantido de sua decadência, porque como todos os particulares se apegam a seus próprios interesses, eles abandonam o bem público.

53
De todas as paixões, a mais desconhecida de nós mesmos é a preguiça; é a mais ardente e maligna de todas, embora sua violência seja insensível e muito ocultos os estragos que ela causa; se considerarmos atentamente seu poder, veremos que se torna em todos os embates senhora de nossos sentimentos, de nossos interesses e de nossos prazeres; é a rêmora que tem a força de parar os maiores navios, é uma bonança mais perigosa para os mais importantes negócios do que os escolhos e as maiores tempestades; o repouso da preguiça é um encanto secreto da alma que suspende repentinamente as mais ardentes diligências e as mais renhidas resoluções; enfim, para dar a verdadeira ideia dessa paixão, convém dizer que a preguiça é como uma bem-aventurança da alma, que a consola de todas as suas perdas e lhe faz as vezes de todos os bens.

54
É mais fácil render-se ao amor quando não o temos do que desfazer-se dele quando o possuímos.

55

A maioria das mulheres se rende mais por fraqueza que por paixão; daí resulta que em geral os homens atrevidos têm mais sorte que os outros, embora não sejam mais apreciáveis.

56

No amor, amar pouco é um meio seguro para ser amado.

57

A sinceridade que os amantes se pedem para saber um e outro quando deixarão de se amar é bem menos por quererem estar avisados de quando já não se amarão do que para estarem mais seguros de que são amados quando não se diz o contrário.

58

A mais justa comparação que se pode fazer do amor é com a febre; não temos poder sobre um nem sobre outro, seja por sua violência ou por sua duração.

59

A maior habilidade dos menos hábeis é saber se submeter ao bom governo dos outros.

II. Máxima suprimida
depois da segunda edição

60

Quando não encontramos repouso em nós mesmos, é inútil buscá-lo fora.

III. Máximas suprimidas
depois da quarta edição

61

Como nunca somos livres de amar ou deixar de amar, o amante não pode se queixar com justiça da inconstância de sua amada, nem ela da leviandade de seu amante.

62

Quando nos cansamos de amar, alegramo-nos que nos sejam infiéis para nos livrarmos de nossa fidelidade.

63

Como pretendemos que outro guarde nosso segredo se nós mesmos não conseguimos guardá-lo?

64

Não há quem apresse tanto os outros como os preguiçosos quando satisfazem à sua preguiça a fim de parecer diligentes.

65

É prova de pouca amizade não perceber o esfriamento da de nossos amigos.

66

Os reis fazem com os homens o mesmo que com as moedas; dão-lhes o valor que querem, e somos obrigados a recebê-las segundo sua cotação e não segundo seu verdadeiro valor.

67

Estamos tão preocupados em nos favorecer que o que costumamos considerar virtudes são apenas vícios que se lhes assemelham e que o amor-próprio nos disfarça.

68

Há crimes que se tornam inocentes e mesmo gloriosos por seu brilho, seu número e seu excesso. Daí que chamamos de habilidades as roubalheiras públicas, e de conquistas apoderar-se injustamente de províncias.

69

Mais facilmente impomos limites a nosso reconhecimento que a nossos desejos e esperanças.

70

Nem sempre lamentamos a perda de nossos amigos por consideração a seu mérito, mas por consideração a nossas necessidades e à boa opinião que tinham de nós.

71

Gostamos de desvendar os outros; mas não gostamos de ser desvendados.

72

É uma fastidiosa doença conservar a saúde por um regime muito severo.

73

Sempre tememos ver quem amamos quando acabamos de fazer galanteios a outra.

74

Devemos nos consolar de nossos erros quando temos a força de confessá-los.

Máximas descartadas*

I. Máximas anteriores à primeira edição,
oriundas do manuscrito de Liancourt (MD 1 a MD 24),
das cópias de 1663 (MD 25),
da edição da Holanda (MD 26 a MD 27)

1

Como a pessoa mais feliz do mundo é aquela para quem
poucas coisas bastam, os grandes e os ambiciosos são,
nesse ponto, os mais miseráveis, porque precisam de uma
infinidade de bens para ser felizes.

2

A astúcia é apenas uma pobre habilidade.

3

Os filósofos só condenam as riquezas pelo mau uso que
delas fazemos; depende de nós adquiri-las e usá-las sem cri-

---

* Essas máximas correspondem, com poucas modificações, às
máximas póstumas na edição Gilbert, Grands Écrivains de la
France (1868-1883), e na edição organizada por Jacques Tru-
chet (Classiques Garnier, 3ª ed., 1983). Foram eliminadas por
La Rochefoucauld antes da publicação das sucessivas edições de
sua obra. Cf. "Note de l'éditeur", *Maximes et réflexions diverses*, La Rochefoucauld, op. cit.

me, e em vez de alimentar e aumentar os vícios, como a le-
nha mantém e aumenta o fogo, podemos dedicá-las a todas
as virtudes e até torná-las mais agradáveis e esplendorosas.

4

A ruína do próximo agrada aos amigos e inimigos.

5

Não conseguiríamos contar todas as espécies de vaidade.

6

O que costuma nos impedir de bem julgar sentenças que
provam a falsidade das virtudes é que acreditamos muito
facilmente que em nós elas são verdadeiras.

7

Tememos todas as coisas como mortais e desejamos todas
as coisas como se fôssemos imortais.

8

Uma prova convincente de que o homem não foi criado
tal como ele é está em que, quanto mais razoável se torna,
mais enrubesce pela extravagância, baixeza e corrupção
de seus sentimentos e pendores.

9

Não devemos nos ofender porque os outros nos escondem
a verdade se tantas vezes a escondemos de nós mesmos.

10

Parece que foi o diabo que colocou de propósito a preguiça na fronteira de diversas virtudes.

11

O fim do bem é um mal; o fim do mal é um bem.

12

Criticamos facilmente os defeitos dos outros, mas é raro os usarmos para corrigir os nossos.

13

Os bens e os males que nos acontecem não nos afetam segundo nossa grandeza, mas segundo nossa sensibilidade.

14

Os que prezam demais sua nobreza em geral não prezam bastante o que está em sua origem.

15

O remédio do ciúme é a certeza de que tememos, porque ela causa o fim da vida ou o fim do amor; é um remédio cruel, mas mais suave que as dúvidas e suspeitas.

16

É difícil compreender como são grandes a semelhança e a diferença que há entre todos os homens.

17

O que causa tanta disputa contra as máximas que revelam o coração do homem é que tememos ser revelados por elas.

18

Sempre podemos o que queremos, contanto que queiramos muito.

19

O homem é tão miserável que, dirigindo todos os seus comportamentos para satisfazer suas paixões, geme incessantemente sob sua tirania; não consegue suportar sua violência nem a que deve fazer para se livrar de seu jugo; encontra repulsa não só em seus vícios, mas também em seus remédios, e não pode se acomodar com os pesares de suas doenças nem com o trabalho de sua cura.

20

Para punir o homem pelo pecado original, Deus permitiu que transformasse seu amor-próprio em um deus para ser atormentado em todas as ações de sua vida.

21

A esperança e o temor são inseparáveis, e não há temor sem esperança nem esperança sem temor.

22

O poder que as pessoas que amamos têm sobre nós é quase sempre maior que o que nós mesmos temos.

23

O que nos leva a crer tão facilmente que os outros têm defeitos é a facilidade que temos de crer no que desejamos.

24

O interesse é a alma do amor-próprio, de modo que, tal como o corpo privado de sua alma fica sem visão, sem audição, sem conhecimento, sem sentimento e sem movimento, o amor-próprio separado de seu interesse, se assim é possível dizer, não vê, não ouve, não sente e não se mexe mais; daí resulta que um mesmo homem que corre a terra e os mares por seu interesse torna-se repentinamente paralítico para o interesse dos outros; daí vem o súbito adormecimento e essa morte que causamos a todos aqueles a quem contamos nossos negócios; daí vem sua pronta ressurreição quando em nossa narração misturamos algo que lhes diz respeito; de modo que vemos em nossas conversações e em nossos tratados que, num mesmo momento, um homem perde consciência e volta a si dependendo se seu próprio interesse se aproxima ou se afasta do outro interesse.

25

Se tivéssemos retirado daquilo que denominamos força o desejo de conservar e o receio de perder, não lhe restaria grande coisa.

26

A familiaridade é um relaxamento de quase todas as regras da vida civil que a libertinagem introduziu na sociedade para nos fazer chegar a isso que chamamos comodidade. É um efeito do amor-próprio que, querendo tudo acomodar à nossa fraqueza, nos subtrai à correta sujeição imposta pelos bons costumes, e de tanto buscar os meios de nos torná-los cômodos os faz degenerar em vícios. As mulheres, tendo naturalmente mais moleza que os homens, caem mais nesse relaxamento e perdem mais: a autoridade do sexo não se mantém, o respeito que lhe devemos diminui, e pode-se dizer que a correção aí perde a maioria de seus direitos. *

27

A zombaria é um gracejo agradável do espírito que alegra a conversação e une a sociedade se ela for cortês, ou a perturba se não o for. Ela é mais para quem a faz do que para quem a sofre. É sempre um combate de um belo espírito, produzido pela vaidade; donde resulta que os que disso carecem para tolerá-la, e aqueles que um defeito criticado faz corar, se ofendem igualmente, como se fosse uma derrota injuriosa que não conseguiriam perdoar. É um veneno que, em estado puro, extingue a amizade e atiça o ódio, mas que corrigido pela graça do espírito e pelo afago do elogio a conquista ou a conserva; e é preciso usá-la sobriamente com seus amigos e com os fracos.

---

* Esta máxima e a seguinte só se encontram na edição da Holanda, o que deixa subsistir uma dúvida sobre sua autenticidade. Daí o emprego do itálico. Cf. *Maximes et réflexions diverses*, La Rochefoucauld, op. cit., p. 296.

II. Máximas compostas entre a segunda (1666) e a terceira (1671) edições, oriundas da carta 43, de 1667 (MD 28 a MD 30), e do manuscrito 6041 do Arsenal (MD 31 e MD 32)

28
As paixões são apenas os diversos gostos do amor-próprio.

29
O tédio extremo serve para nos desentediar.

30
Elogiamos e criticamos a maioria das coisas porque está na moda elogiá-las ou criticá-las.

31
Nossas ações aparecem menos pelo que são do que pelo aspecto que a fortuna gosta de lhes dar.

32
Às vezes nos vingamos melhor de nossos inimigos fazendo-lhes o bem que fazendo-lhes o mal.*

---

* Em nota de *Maximes et réflexions diverses*, La Rochefoucauld, op. cit., p. 296, escreve Jean Lafond, organizador da edição: "As máximas descartadas 31 e 32 são inéditas e remetemos, para sua atribuição a La Rochefoucauld, ao apêndice de nosso *La Rochefoucauld...*, p. 246, em que tratamos da terceira edição. Publicamos em itálico pois não são encontradas nos manuscritos conhecidos do autor".

III. Máximas compostas entre a terceira (1671) e a quarta (1675) edições, oriundas da carta 44 (MD 33) e do *Suplemento* de 1693 (MD 34 a MD 57)

33
Nunca é mais difícil falar bem do que quando só falamos por medo de nos calar.

34
Muitos querem ser devotos, mas ninguém quer ser humilde.

35
O trabalho do corpo libera as dores do espírito e é o que torna os pobres felizes.

36
As verdadeiras mortificações são as desconhecidas; a vaidade torna as outras fáceis.

37
A humildade é o altar sobre o qual Deus quer que lhe ofereçamos sacrifícios.

38
Falta pouca coisa para tornar o sábio feliz; nada pode tornar um louco contente; é por isso que quase todos os homens são miseráveis.

39
Nós nos atormentamos menos para ser felizes que para fazer crer que somos.

40
É bem mais fácil extinguir um primeiro desejo que satisfazer todos os que se seguem.

41

A sabedoria está para a alma como a saúde está para o corpo.

42

Como os grandes da terra não podem dar a saúde do corpo nem a paz de espírito, sempre compramos muito caro todos os bens que produzem.

43

Antes de desejar fortemente uma coisa, convém examinar se quem a possui é feliz.

44

Um verdadeiro amigo é o maior de todos os bens e, de todos, o que menos pensamos em adquirir.

45

Os amantes só veem os defeitos de suas amadas quando o encantamento acaba.

46

A prudência e o amor não são feitos um para o outro: à medida que o amor cresce, a prudência diminui.

47

Às vezes é agradável para um marido ter uma mulher ciumenta: ele sempre ouve falar de quem ama.

48

Como é de dar pena uma mulher que tem ao mesmo tempo o amor e a virtude!

49

O sábio tem mais vantagem em não se comprometer do que em vencer.

50
É mais necessário estudar os homens que os livros.

51
A felicidade ou a infelicidade vão geralmente para os que mais têm uma ou outra.

52
Só nos criticamos para ser elogiados.

53
Nada é mais natural nem mais ilusório que acreditar que somos amados.

54
Preferimos ver aqueles a quem fazemos o bem do que aqueles que nos fazem.

55
É mais difícil dissimular os sentimentos que temos do que fingir os que não temos.

56
As amizades reatadas exigem mais cuidados que as que nunca foram rompidas.

57
Um homem a quem ninguém agrada é bem mais infeliz do que aquele que não agrada a ninguém.

Retrato de M. R. D.
por ele mesmo*

Sou de estatura média, solto e bem proporcional. Tenho a tez morena mas bastante uniforme, a fronte alta e de tamanho razoável, os olhos pretos, pequenos e profundos, e as sobrancelhas negras e espessas, mas bem arqueadas. Estaria bem impossibilitado de dizer que tipo de nariz tenho, pois não é chato nem aquilino, grosso nem pontudo, pelo menos é o que acho. Tudo o que sei é que é mais para grande que pequeno, e que desce um pouco demais para baixo. A boca, tenho-a grande, e os lábios em geral bastante vermelhos, e nem bem nem mal delineados. Tenho os dentes brancos e razoavelmente bem-arrumados. Outrora me disseram que eu tinha o queixo um pouco grande: acabo de me apalpar e me olhar no espelho para saber se é mesmo, e não sei muito bem como julgar. Quanto ao contorno do rosto, tenho-o quadrado ou oval; qual dos dois, me seria muito difícil dizer. Tenho os cabelos pretos, naturalmente encaracolados, e com isso bastante grossos e compridos para que eu possa pretender ter uma bela cabeça. Tenho algo de sombrio e orgulhoso no semblante; isso faz a maioria das pessoas acreditar que sou desdenhoso, embora não o seja nem um pouco. Tenho o movi-

* Este autorretrato anônimo data de 1658. Em 1663 aparece em *La Galerie des peintures* com o título "Portrait de Monsieur le duc D. L. R. fait par lui-même".

mento muito fácil, e até um pouco demais, a ponto de fazer muitos gestos ao falar. Eis como penso ingenuamente que sou feito por fora, e julgarão, creio, que o que penso de mim a esse respeito não é muito afastado da realidade. Usarei a mesma fidelidade no que me resta fazer de meu retrato; pois me estudei bastante para me conhecer bem, e não me falta segurança para dizer livremente o que posso ter como boas qualidades, nem sinceridade para confessar com franqueza o que tenho de defeitos. Primeiramente, para falar de meu humor, sou melancólico, e o sou a tal ponto que nos últimos três ou quatro anos me viram rir apenas três ou quatro vezes. No entanto, eu teria, parece-me, uma melancolia bastante suportável e bastante doce se não tivesse outra além dessa que me vem de meu temperamento; mas me vem tanta coisa de fora, e o que me vem me preenche de tal modo a imaginação e me ocupa tão fortemente o espírito, que na maior parte do tempo ou eu sonho sem dizer uma palavra ou quase não tenho mais ligação com o que digo. Sou muito acanhado com quem não conheço, e não sou extremamente aberto nem sequer com a maioria das pessoas que conheço. É um defeito, bem sei, e nada negligenciarei para corrigi-lo; mas como um certo ar sombrio que tenho no rosto contribui para me fazer aparentar ainda mais reservado do que sou, e como não está em nosso alcance nos desfazer de um ar desagradável que nos vem da disposição natural das feições, penso que depois de ter me corrigido por dentro não deixarei de ter sempre marcas desagradáveis por fora. Tenho espírito e não tenho dificuldade em dizê-lo; pois por que ficar cheio de dedos a esse respeito? Fazer tantos rodeios e tanto atenuar para falar das vantagens que temos é, parece-me, esconder um pouco de vaidade sob uma modéstia aparente e valer-se de uma maneira bastante hábil para fazer crer a respeito de si muito mais coisas boas do que se diz. Quanto a mim, fico contente que não me creiam nem mais bonito do que me mostro, nem de melhor humor do que me pinto, nem mais espirituoso e mais sensato do que direi que sou. Portanto, tenho espírito, mais uma vez, mas um espírito que a melancolia estraga; pois, embora domine bastante bem minha língua, tenha uma feliz memória e não pense as coisas muito confusamente, tenho porém uma aplicação tão forte à minha tristeza que, com frequência, exprimo bastante mal o que quero dizer. A conversação com as pessoas civilizadas é um dos prazeres que mais me tocam. Gosto que ela seja séria e que a moral ocupe sua maior parte. No entanto, também sei saboreá-la quando ela é alegre, e se não digo muitas pequenas coisas para rir não é, ao menos, porque não conheço bem o que valem as bagatelas bem ditas e porque não acho muito divertida essa maneira de brincar em que há certos espíritos rápidos e fluentes que têm tanto êxito. Escrevo bem em prosa, saio-me bem em versos, e se fosse sensível à glória que vem desse lado penso que com um pouco de trabalho poderia adquirir bastante reputação. Gosto da leitura em geral; esta em que se encontra alguma coisa que possa moldar o espírito e fortalecer a alma é a que prefiro. Tenho, sobretudo, extrema satisfação em ler com uma pessoa de espírito; pois dessa maneira refletimos em todos os momentos sobre o que lemos, e das reflexões que fazemos forma-se a conversa mais agradável do mundo, e a mais útil. Julgo bastante bem as obras em verso e em prosa que me mostram, mas talvez eu expresse meu sentimento com um pouco de liberdade demais. O que há ainda de mal em mim é que às vezes tenho uma delicadeza demasiado escrupulosa e uma crítica severa demais. Não odeio ouvir discussões, e muitas vezes também me meto, de bom grado, na disputa; mas de costume defendo minha opinião com muito calor, e quando se defende um partido injusto contra mim, às vezes, de tanto me apaixonar pelo da razão, torno-me eu mesmo muito pouco razoável. Tenho os sentimentos virtuosos, as inclinações belas, e uma vontade tão grande de ser um perfeito homem honrado que meus amigos não poderiam me dar um prazer maior do que me advertir sinceramente sobre meus defeitos. Os que me conhecem um pouco particularmente e que algumas vezes tiveram a bondade de me dar opiniões sobre isso sabem que sempre as recebi com toda a alegria imaginável e toda a submissão de espírito que seria desejável. Tenho todas as paixões bastante suaves e bastante moderadas: quase nunca me viram com raiva e nunca tive ódio de ninguém. Todavia, não sou incapaz de me vingar se me ofenderem, e trata-se de minha honra sentir a injúria que me tenham feito. Ao contrário, tenho certeza de que o dever faria tão bem em mim as vezes do ódio que eu perseguiria minha vingança com mais vigor que qualquer outro. A ambição não me atormenta. Não temo muito as coisas, e não temo nada a morte. Sou pouco sensível à piedade, e gostaria de não ser rigorosamente nada. No entanto, não há nada que eu não faça pelo alívio de uma pessoa aflita, e creio efetivamente que se deve fazer tudo, até mesmo lhe demonstrar muita compaixão por seu mal, pois os miseráveis são tão tolos que isso lhes faz o maior bem do mundo; mas também acho que devemos nos contentar em demonstrá-la e evitar cuidadosamente tê-la. É uma paixão que não serve para nada dentro de uma alma bem constituída, que só vale para enfraquecer o coração e que se deve deixar para o povo, que, jamais executando algo por meio da razão, precisa de paixões para ser levado a fazer as coisas. Gosto de meus amigos, e gosto deles de tal maneira que não hesitaria um instante em sacrificar meus interesses aos deles; tenho condescendência por eles, sofro pacientemente seus maus humores e desculpo-os facilmente por todas as coisas; só que não lhes faço muitos carinhos, e também não tenho grandes inquietações em sua ausência. Tenho naturalmente muito pouca curiosidade pela maior parte de tudo o que a provoca nas outras pessoas. Sou muito secreto, e tenho menos dificuldade que ninguém em calar o que me disseram em confidência. Sou extremamente regular à minha palavra; jamais falto a ela, pouco importa a consequência que possa ter o que prometi, e disso fiz em toda a minha vida uma lei indispensável. Tenho uma polidez muito correta entre as mulheres e creio jamais ter dito diante delas alguma coisa que possa lhes ter causado desgosto. Quando têm o espírito bem constituído, prefiro a conversa delas à dos homens: nelas encontramos uma certa doçura que não se encontra entre nós, e parece-me, além disso, que se explicam com mais clareza e dão uma forma mais agradável às coisas que dizem. Quanto a ser galante, o fui um pouco, outrora; atualmente não o sou mais, por jovem que seja. Renunciei aos galanteios e apenas me espanto que ainda haja tantas pessoas de bem que se preocupem em produzi-los. Aprovo extremamente as belas paixões: elas marcam a grandeza da alma e, embora nas inquietações que dão haja algo de contrário à severa sabedoria, acomodam-se tão bem, aliás, com a mais austera virtude que creio que não se deveria condená-las com justiça. Eu, que conheço tudo o que há de delicado e forte nos grandes sentimentos do amor, se acaso vier a amar, será certamente dessa maneira; mas, do jeito que sou, não creio que esse conhecimento que tenho me passe jamais do espírito ao coração.

Índice temático

O *índice remete à numeração das Máximas. As indicações relativas às Máximas Suprimidas e às Máximas Descartadas vêm precedidas de* MS *e* MD.

acaso *ver* fortuna

ações, 1, 7, 57-8, 161, 215, 230, 233, 266, 297, 305, 382, 409, 432; ms 11, 41; md 20, 31

acuidade, 377, 425

adulação, 2, 152, 158, 329; *ver também* afago; lisonja

afago, 239; ms 17; md 27

afetação, 18, 21, 107, 124, 134, 255, 289, 493

agradar, 139, 382, 501; ms 46; md 4, 57

amantes, 312, 362, 406; ms 57; md 45

ambição, 7, 24, 63, 91, 246, 266, 293, 308, 490; md 1

amizade, amigos, 72, 80-1, 83,-5, 88, 114, 116, 179, 235, 278-9, 315, 319, 376, 410, 426-8, 434, 438, 440-1, 473; ms 17, 18, 65, 70; md 4, 27, 44, 56

amor, 55, 68-70, 72, 74-8, 81, 131, 136, 175-6, 178, 205, 213, 259, 262, 266, 274, 277, 286, 296, 321, 324, 335-6, 349, 359, 361, 369, 374, 376, 385, 402, 417-8, 422, 430, 440-1, 459, 466, 471, 473, 477, 490, 501, 504; ms 1, 13, 15, 24, 54, 56-8, 61-2; md 15, 46, 48

amor-próprio, 2-4, 13, 46, 83, 88, 228, 236, 247, 261, 324, 339, 494, 504; ms 1, 17, 29, 32, 67; md 20, 24, 26, 28

astúcia (esperteza, sagacidade), 117, 124, 126, 170, 350; ms 44; md 2 avareza, 11, 167, 491-2

bajulação *ver* adulação
beleza, encanto, 150, 204, 240, 401, 474; ms 1, 49, 53
bem, 0, 14, 28, 64, 85, 96, 121, 185, 229, 238, 301, 306, 454,
    470; ms 36; md 11, 32, 54

caráter, 142, 290
casamento, 113
ciúme, 7, 28, 32, 324, 336, 359, 361, 406, 446, 472; md 15, 47
clemência, 15-6
conselhos, 93, 110, 116, 283, 378
constância, 20-1, 175-6, 420, 482, 504
conversação, 139, 421; md 24, 27
coqueteria, coquetes, 241, 277, 332, 349, 376, 406, 418
coração, 10, 20, 43, 62, 69, 98, 102-3, 108, 175, 315, 342,
    346, 356, 432, 478, 484; ms 40; md 17
coragem, 1, 150, 213, 215-6, 220, 365, 397, 504; ms 40, 42;
    ver também valentia
crimes, 183, 267, 305, 465, 489; ms 21, 37, 68; md 3

defeitos, 31, 90, 112, 130-1, 145, 154-5, 184, 190, 194, 202,
    251, 257, 290, 319, 327, 354, 358, 365, 377, 383, 397-
    8, 403, 410-1, 424, 426, 428, 442, 450, 462, 480, 493,
    498; ms 5, 19, 35; md 12, 23, 27, 45
desgraça, infortúnio, 24, 174, 183, 235, 264, 317, 420, 434,
    463; ms 1
destino *ver* fortuna
Deus, ms 39; md 20, 37
disfarce, 70, 119, 246, 254, 494
doenças, 193, 288, 300; ms 72; md 19

elogio, louvor, 58, 65, 143-50, 177, 272, 285, 305, 356; ms 27,
    28; md 27, 52
eloquência, 8, 249-50
encanto *ver* beleza
engano, 84, 114-5, 117-8, 127, 129, 254, 266, 282, 335, 373-
    4; *ver também* traição
erros, 37, 196, 386, 422, 494, 496; ms 1, 74

ÍNDICE TEMÁTICO

esperança, 38, 168, 178, 449, 492, 504; ms 17, 69; md 21
esperteza *ver* astúcia
espírito, 18, 21, 43-4, 67, 80, 97, 99-103, 108, 112, 139-40,
   150, 174, 181, 184, 221-2, 257-8, 265, 277, 287, 290,
   342, 346, 404, 421, 425, 456, 482, 487, 502; md 27,
   35, 42

felicidade, 17-8, 36, 48, 49, 58, 61, 227, 259, 331, 441, 476,
   485; ms 8, 9, 17; md 1, 35, 38-9, 43, 51
fidelidade, 247, 331, 381; ms 1, 62; *ver também* infidelidade
filosofia, filósofos, 22, 46, 54, 504; ms 21; md 3
fingimento, 21, 117, 124, 256, 489, 493; md 55
fortuna (destino, acaso), 1, 17-8, 25, 45, 47, 50, 53-4, 57, 60-1,
   105, 153-4, 207, 212-3, 227, 308-9, 323, 343-4, 380, 391-
   2, 399, 403, 435, 449, 504; ms 1, 3, 11, 14, 17, 39; md 31
fraqueza, 11, 44, 120, 122, 130, 181, 316, 325, 424, 445, 477,
   479, 481, 504; ms 55; md 26-7

galanteio, galanteria, 100, 277, 402, 499; ms 73
gratidão, 223-4, 225, 279, 298-9, 438; ms 69

habilidade, 126, 244-5, 283, 288, 404; ms 59; md 2; *ver também* astúcia
hipocrisia, 218, 233
homem de bem, homem honrado, pessoas de bem, 165, 203,
   206, 353
honestidade, 99, 170, 205, 307, 367-8, 504; ms 33
humildade, 254, 358; md 34, 37
humor, 17, 45, 215, 297, 414; *ver também* caráter; temperamento

índole, 241; *ver também* caráter; humor; temperamento
infidelidade, 359-60, 381, 429; ms 62; *ver também* fidelidade
interesse, 1, 9, 39-40, 66, 83, 85, 116, 124, 144, 171-3, 187,
   232, 246, 253, 268, 275, 278, 302, 305, 390, 486, 492;
   ms 1, 14, 28, 41, 52-3; md 24
intrepidez, 217; ms 40
inveja, 18, 27-8, 268, 280-1, 328, 376, 406, 433, 476, 486, 503

julgamento, 89, 97, 104, 170, 258, 268, 282, 437, 455-6, 458;
    md 6
juventude, 109, 261, 271, 341, 372, 418, 444, 461, 495

lisonja, 144; *ver também* adulação; afago
loucura, 6, 92, 207, 209-10, 231, 300, 310, 318, 340, 353,
    414, 416, 444; ms 23; md 38
louvor *ver* elogio

mal, 0, 14, 29, 121, 180, 184-5, 229, 267, 269, 470; ms 36;
    md 11, 32
mérito, 50, 54, 92, 95, 144, 153, 155-6, 162, 165-6, 239, 273,
    279, 291, 293, 308, 379, 399-401, 403, 419, 437, 455,
    474; ms 1, 70
moderação, 17-8, 293, 308; ms 3, 4
morte, 21, 23, 26, 215, 221, 362, 461, 504; md 24
mulheres, amadas, 1, 73, 111, 131, 204, 205, 220, 233, 241,
    277, 332-4, 340, 346, 362, 364, 367-8, 406, 418, 429,
    440, 466, 471, 474, 499; ms 33, 55; md 26, 45, 47-8

natureza, natural, 8, 36, 53, 153, 189, 230, 277, 365, 404,
    431; ms 6, 17, 32, 49; md 53

orgulho, 33-7, 173, 225, 228, 234, 239, 254, 267, 281, 285,
    358, 450, 462-3, 472; ms 6, 19, 21, 30, 51

paixão, 5-12, 27, 68-9, 122, 188, 259, 262, 266, 276-7, 334,
    341, 404, 422, 443, 460, 466, 471-2, 477, 484-5, 491,
    500; ms 1-2, 31, 34, 53, 55; md 19, 28
perspicácia *ver* astúcia
pessoas de bem *ver* homem de bem
preguiça, 16, 169, 237, 266-7, 293, 398, 482, 487; ms 53, 64;
    md 10
príncipes, reis, 15, 320; ms 66
prudência, 65, 182; md 46

qualidades, 29, 80, 88, 90, 143, 159, 162, 175, 251, 337, 365,
    397, 425, 433, 437, 452, 462, 468, 470, 493, 498

ÍNDICE TEMÁTICO

razão, 42, 98, 105, 154, 217, 227, 241, 271, 325, 340, 365,
    467, 469, 504; ms 20, 49
reconhecimento *ver* gratidão
ridículo, 133, 307, 311, 326, 408

sabedoria, 20, 132, 147, 163, 210, 231, 323; ms 22-3; md 38,
    41, 49; *ver também* sensatez
sagacidade *ver* astúcia
sensatez, 139, 209; *ver também* sabedoria
sinceridade *ver* verdade

tédio, 141, 172, 352; md 29
temperamento, 7, 47, 61, 220, 275, 292, 346, 435, 488, 504;
    ms 1
tolos, tolice, 6, 140, 156, 208, 309, 387, 414, 451, 456
traição, 120; *ver também* engano

vaidade, 16, 24, 33, 137, 158, 200, 220, 232-3, 239, 263, 388-
    9, 425, 443, 446, 467, 483; ms 1, 6, 35, 38; md 5, 27,
    36
valentia, 214-5, 221, 504; *ver também* coragem
velhice, 109, 112, 416, 430, 461
verdade, 64, 116, 170, 282, 316, 366, 458, 504; ms 1, 49, 57;
    md 9
vergonha, 27, 84, 213, 220, 230, 233, 412, 446; ms 3
vícios, 1, 182, 186-7, 189, 191-2, 195, 218, 253, 273, 380,
    445; ms 28, 67; md 3, 19, 26
virtudes, 1, 16, 25, 150, 169, 171, 182-3, 186-7, 189, 200,
    218, 220, 253, 266, 308, 320, 354, 358, 380, 388, 398,
    445, 489, 504; ms 28, 31, 33, 34, 67; md 3, 6, 10, 48

Esta obra foi composta em Sabon por warrakloureiro
e impressa em ofsete pela Geográfica sobre papel Pólen Soft
da Suzano Papel e Celulose para a Editora Schwarcz
em março de 2014

A marca FSC® é a garantia de que a madeira utilizada na fabricação do papel deste livro provém de florestas que foram gerenciadas de maneira ambientalmente correta, socialmente justa e economicamente viável, além de outras fontes de origem controlada.